RÉPUBLIQUE FRANÇAISE.

LIBERTÉ, ÉGALITÉ, FRATERNITÉ.

COMMISSION DES COLONIES AGRICOLES DE L'ALGÉRIE

RAPPORT

FAIT A LA COMMISSION

DES COLONIES AGRICOLES DE L'ALGÉRIE

PAR M. DUTRONE

SON REPRÉSENTANT DANS LA COMMISSION D'INSPECTION DE CES COLONIES,
FORMÉE PAR LE MINISTRE DE LA GUERRE,
EN EXÉCUTION DE LA LOI DU 19 MAI 1849.

« Les 50 millions n'ont point été votés pour la colonisation principalement, — ils l'ont été surtout pour secourir et calmer la population ouvrière qui était en détresse et en émoi. (Page 60.)»

. . . .

« Il faut que le peuple, quand il est en émoi, puisse avoir confiance dans les avantages que le pouvoir lui promet à l'heure des crises. — Autrement je ne connaîtrais plus à l'autorité d'ancre de salut le jour d'une tempête... (Page 39,)»

PARIS

IMPRIMERIE D'E. DUVERGER

6, RUE DE VERNEUIL

1850

Le général Cavaignac, président du pouvoir exécutif, a, par arrêtés des 22 septembre et 25 octobre 1848, contresignés : de Lamoricière, nommé une Commission *sédentaire* pour la formation des Colonies agricoles de l'Algérie.

Plus tard, le ministre de la guerre, M. le général Rulhières, a, en vertu de la loi du 19 mai 1849, formé une Commission *d'inspection*, chargée d'aller constater la situation de ces mêmes établissements, et cette Commission a fait son rapport au ministre par l'organe de M. L. Reybaud.

M. Dutrône, qui représentait la Commission *sédentaire* au sein de la Commission *d'inspection*, a, de son côté, rendu compte à la *première* du résultat de sa mission dans les colonies qu'il venait de visiter.

Au moment où l'Assemblée nationale va voter sur le *Projet de loi relatif à l'emploi du crédit de cinq millions alloués* pour les Colonies agricoles de l'Algérie, il importe de mettre le travail de M. Dutrône sous les yeux de MM. les Représentants du peuple.

Cette publication est d'autant plus opportune que souvent elle complète ou rectifie le rapport fait par M. Louis Reybaud, au nom de la Commission d'inspection.

RÉPUBLIQUE FRANÇAISE.

LIBERTÉ, ÉGALITÉ, FRATERNITÉ.

COMMISSION DES COLONIES AGRICOLES DE L'ALGÉRIE [1].

RAPPORT

Fait à la Commission des colonies agricoles de l'Algérie, par M. DUTRONE, son représentant dans la Commission d'inspection de ces mêmes colonies, formée par le ministre de la guerre, en exécution de la loi du 19 mai 1849.

Séance du 17 décembre 1849.

MESSIEURS,

Notre commission existait depuis le 22 septembre 1848. Elle avait acheminé déjà vers l'Algérie quatre

(1) Cette commission, formée en exécution de l'article 9 du décret de l'Assemblée constituante du 19 septembre 1848, par arrêtés du chef du pouvoir exécutif des 22 septembre et 25 octobre 1848, est composée de MM. Trélat, ancien représentant du peuple, ancien ministre, *président;* — H. Didier, représentant du peuple, *vice-président;* — Beslay, ancien représentant du peuple; — Boissel, *id.;* — Martelet, ancien maire du 7ᵉ arrondissement; — Richard, ancien maire du 8ᵉ arrondissement; — O'Reilly, ancien secrétaire général de la préfecture de police; — Dumont, docteur en médecine; — Grisolles, *id.;* — Fellmann,

1

convois composés de 3,430 colons, et les séances de
nuit comme de jour, qui se succédaient sans relâche,
avaient mis ses premiers membres à bout de forces,
quand, le 25 octobre, je fus, par arrêté du chef du pouvoir exécutif, appelé à partager votre tâche si ardue.

Dès mon début, je trouvai dans vos travaux ac-
complis, dans la manière dont vous les poursuiviez,
selon les instructions du gouvernement et le vœu du
décret de colonisation, je trouvai, dis-je, la règle que
j'avais à suivre, pour remplir convenablement mes
fonctions.

Lorsqu'après huit mois de collaboration, vous avez
voulu voir par mes yeux, juger par mon jugement,
sentir par mon cœur, l'état, les souffrances, les besoins de cette grande famille que nous nous sommes
constituée ici même, pour l'envoyer grandir encore
et prospérer sur le sol africain, vous m'avez, Messieurs, par cette mission et civique et quasi paternelle,
fait le plus insigne honneur dont je puisse jamais
avoir à m'enorgueillir.

J'ai compris que le plus sûr moyen de vous en
prouver ma gratitude était de m'en rendre digne en
suivant religieusement l'exemple que vous m'avez

ancien sous-directeur des affaires d'Algérie au ministère de la
guerre ; — Corbon, ancien vice-président de l'Assemblée constituante ; — Montreuil, ancien représentant du peuple ; — Maissiat,
représentant du peuple ; — Manceaux, ancien maire du 9ᵉ arrondissement ; — Laborie, docteur en médecine ; — Jacquemier, *id.*;
— Dutrône, conseiller honoraire à la cour d'appel d'Amiens.
— M. Caillé, chef de bureau au ministère de la guerre, *secrétaire.*

donné d'une activité *incessante, modeste, consciencieuse.*

Dans le mandat saint, mais difficile que je vous devais, l'activité *incessante* était de rigueur. — On nous demandait en deux mois une inspection qui en réclamait quatre au moins.—Aussi ne me suis-je isolé de la commission, dans ses travaux, que soixante-douze heures à Mostaganem, temps indispensable pour rétablir ma santé.

Quant à l'activité *modeste,* pour arriver sans encombre au terme de la mission, elle n'était pas moins indispensable; — oui, modeste et très modeste, bien que je fusse élevé à l'honneur de vous représenter, Messieurs, vous républicains éprouvés, dont l'organisation en commission résulte d'un décret de l'Assemblée constituante.—En effet, la commission d'inspection, composée de sept membres, comptait quatre représentants, et l'un d'eux, président nommé d'office, était représentant de l'Algérie. —C'est vous dire que j'avais à suivre les mouvements de cette majorité parlementaire, — sauf mes observations selon les exigences et l'opportunité du moment.... Le jour des grandes exigences est arrivé;—je n'y ferai pas défaut.

Pour ce qui est de l'activité *consciencieuse,* lorsqu'on a su profiter à votre école, elle n'est pas de circonstance seulement, elle est de toutes les heures et de tous les lieux. —Cette communication en fera foi, je l'espère.

En signant le rapport de la commission d'inspection, rapport contenant beaucoup d'énonciations que

j'ai votées et de réclamations aussi légitimes qu'urgentes, je n'ai ratifié, entre autres choses, ni les erreurs ni les lacunes qu'il présente. — D'une part, ma
signature sur cette pièce est un hommage au principe
républicain qui soumet les minorités aux majorités;—
d'une autre part, les observations que j'y fais, et que
j'ai l'honneur de recommander, messieurs, à vos sentiments patriotiques, humanitaires, procèdent du
droit qui sauvegarde les minorités.—Toute minorité,
ne consistât-elle que dans un seul homme, a le droit
de se faire entendre. Vouloir la réduire au silence,
par quelque moyen que ce fût, serait une prétention
flétrie d'avance par notre civilisation.

Il est à regretter que la commission d'inspection n'ait
pas suivi, du moins quant à ses généralités, l'itinéraire
officieux qui lui avait été tracé par le directeur général
des affaires de l'Algérie. Selon cet itinéraire, l'inspection aurait commencé par la province d'Oran. De
là, on serait passé à la province d'Alger, puis à celle
de Constantine. — Ainsi que cela résulte du rapport
de la commission, les villages sont presque entière-
ment bâtis dans la province d'Oran, tandis que dans
celle de Constantine, ils sont beaucoup moins avancés. Or, si nous fussions arrivés cinq semaines plus
tard dans cette dernière province, nous eussions pu
y prendre une idée plus exacte des installations et
des besoins des colons. — D'un autre côté, repartant
directement de Bone pour la France, nous n'eussions
fait qu'une fois, au lieu de deux, le trajet entre Alger
et Bone; nous n'aurions point eu deux séjours à Alger

(ville), et nous eussions pu donner à l'inspection des villages dix jours de plus au moins. C'eût été un quart en sus de ce que nous leur avons consacré.

Il faut bien le dire aussi : en débarquant à Oran, la commission aurait échappé sans doute à l'accident regrettable qui a signalé son arrivée à Alger. Je veux parler de ces cris : *A bas la réaction! A bas les réactionnaires!* qui l'accueillirent au moment où elle mettait le pied sur le débarcadère.

Ce fait prenait sa source dans de vieilles querelles électorales. Il a pu y apparaître aussi une protestation contre l'esprit politique dont on pensait que la majorité de la commission était animée. Mais, dans tous les cas, nos colons agricoles étaient parfaitement étrangers à cette manifestation,—de même qu'elle n'était nullement, messieurs, à votre adresse; ce qui ne vous empêchera pas de déplorer avec moi qu'elle ait eu lieu.

Déplorons-le d'autant plus que, par une pente irrésistible, cela induisit la commission à des hors-d'œuvre étrangers à sa mission.—Guidés par un sentiment fort honorable, les amis politiques du représentant attaqué voulurent le venger de cet affront. Je ne sais si le tribunal, qui a réprimé cette espèce de petite émeute, a considéré comme circonstance aggravante le dommage qui en est résulté pour nos travaux; mais il est certain que nos colonies agricoles peuvent reprocher aux adversaires et aux amis politiques du président de la commission de leur avoir, par cette lutte intempestive, enlevé six jours au moins sur le temps que l'on aurait pu passer dans les villages, et qui ont été fatalement employés aux banquets réparateurs, — aux *réceptions de foi et hommage*. — A partir de ce moment, notre mission eut dans l'esprit d'une grande partie de la population un caractère mesquin de course électorale. Rien ne pouvait être plus fâcheux.

Nos colonies, même les plus reculées vers le désert, ne sont pas sans savoir ce qui se passe à Alger. On avait donc appris partout que la commission d'inspection avait été accueillie par les cris : A bas la réaction ! à bas les réactionnaires ! Cette nouvelle excita la défiance chez les colons. Le décret du 19 septembre de la Constituante n'est-il point menacé?... son tour d'abrogation, ou de modification profonde, n'est-il point arrivé? Telles étaient les questions par lesquelles les colons s'abordaient.—Ils s'inquiétaient au point de vue général, parce que, patriotes avant tout, ils sont fiers de concourir à une œuvre d'honneur national, d'augmentation de notre puissance et d'extension de la civilisation.—Ils s'inquiétaient aussi au point de vue individuel. D'un côté, le pacte fait entre la République et eux, par la loi de colonisation, serait-il loyalement exécuté ? D'un autre côté, cette loi serait-elle fidèlement observée à l'égard des populations restées en France, auxquelles l'avenir de la colonisation était offert et qui l'avaient accepté? Les colons ont laissé derrière eux des amis qu'ils ont besoin de revoir ; ils ne sont point partis comme *enfants perdus*, mais bien comme *avant-garde*, et c'est avec une impatience nostalgique qu'ils regardent s'ils ne voient rien venir.

Tandis que le bruit d'une inspection réactionnaire jetait les colons dans ces cruelles anxiétés, la commission, qui n'avait point oublié les paroles tombées sur eux du haut de la tribune nationale, entendait autour d'elle ces quolibets éminemment confirmatifs des accusations parlementaires : — « Les colons agricoles « sont de braves insurgés, bons ouvriers en barrica- « des et clubistes distingués. Mais n'y cherchez pas « autre chose. — Quant aux femmes, pour la plupart, « elles sont modistes ; elles méritent bien qu'on aille « les voir. Ne craignez pas de les déranger dans les « soins du ménage, elles ne s'y gâtent pas les « mains ! »—Il est pernicieux de vivre dans un monde où la calomnie est systématiquement répétée, sous des formes variées et sur tous les tons.

Il y avait donc des préventions réciproques. On ne l'aurait pas su d'avance, que cela se serait facilement reconnu au premier abord des colons et de la commission.

Ici, messieurs, j'éprouve un embarras. Il faut vous parler de vous-mêmes. — Mais ce n'est point un complaisant éloge que j'ai à vous faire, sa place serait mal choisie. C'est de la grave histoire que j'écris, et je le fais religieusement. — Les colons vous cherchaient au milieu des nouveaux venus ; ils vous demandaient par votre nom. Ils étaient peinés visiblement, ils en avaient motif, de ne voir que moi de votre commission, entre tous les présents. — Les choses auraient pu s'arranger cependant pour que vous y fussiez représentés en nombre convenable, sans que la mission eût été plus dispendieuse ; votre dévouement aux services gratuits en est une garantie.

Vos travaux, messieurs, comme ceux de la commission d'inspection, auraient gagné à ce que je n'y fusse point isolé. Nos vues, consignées dans le rapport, ne fût-ce que comme opinion d'une minorité, dont il aurait bien fallu tenir compte, seraient arrivées plus directement, plus officiellement au ministre.

Les colons sont profondément reconnaissants pour les veilles, pour les soins que vous leur avez consacrés, et pour les conseils que vous leur avez donnés, avec une tendre et loyale sollicitude. Ils m'ont chargé de vous en offrir l'assurance, et de vous dire qu'en souvenir, plusieurs rues de leurs villages porteront vos noms, si l'administration n'y voit pas d'inconvénient.

Ils auraient, le plus souvent, voulu vous dire, en acclamation, un bonjour, un adieu qu'ils ont dû étouffer. — La majorité avait compris que ce n'était plus le temps... et que le nouvel ordre du jour en projet portait : « *Plus de bruit, plus d'éclat.* »

Les élections que nous fîmes faire de délégués librement choisis par les colons, délégués que nous entendîmes à huis clos, en l'absence de toute autorité civile ou militaire, ces élections, dis-je, les impressionnèrent très favorablement, et commencèrent à calmer leur inquiétude. La manière dont les délégués furent écoutés ne laissa pas que d'accroître encore ce résultat, dans la majeure partie des villages.

De son côté, la commission fut unanimement et profondément frappée de la bonne attitude, de la haute intelligence, des sentiments élevés, du langage digne

et modéré par lesquels les délégués se recommandè-
rent, sauf infiniment peu d'exceptions. Et il faut dire
que parmi ceux-là même qui, personnellement, firent
prendre d'eux la meilleure impression, beaucoup cependant nous furent signalés comme hommes politiques dangereux.

Presque partout, la tenue des maisons et même des
baraques, les travaux exécutés ou commencés furent
remarqués avec satisfaction par la commission.

L'on se disait donc adieu, ayant les uns des autres
meilleure opinion qu'au bonjour. — Cependant la
commission n'avait point accueilli toutes les réclamations des colons. Elle en avait, et elle devait le faire,
repoussé plusieurs, en démontrant qu'elles étaient in-
admissibles. Mais, en général, ils n'opposaient point
d'entêtement aux bonnes raisons qu'on leur donnait.
— Toutefois, leur parti pris sur ces refus motivés, ils
présentaient à l'observation un reste d'inquiétude. —
Cela tenait à trois causes.

1º Ils ont entendu avec étonnement, avec défiance,
la recommandation qui leur était faite de ne pas
s'occuper de politique (sauf toutefois pour le moment des élections, réserve indispensable et éminemment de circonstance).

Cet étonnement, cette défiance, ont été exprimés
par bien des formules. — Je n'en citerai que deux qui
les résument toutes : — « Nous ne sommes donc plus
« en République ? disait un délégué à son voisin ; —
« recommander à des citoyens républicains de ne
« point s'occuper de politique, autant vaudrait dire :

« *A bas la Constitution ! à bas la République ! vive le pou-*
« *voir absolu !* »

Autre formule. — « S'il ne faut s'occuper de poli-
« tique qu'au moment des élections, ce n'est pas la
« peine d'être électeur ; car on sera obligé de deman-
« der à ceux qui y connaîtront quelque chose, parce
« qu'ils s'en seront occupés, un bulletin tout rempli
« pour le mettre dans l'urne, sans savoir ce que l'on
« fera. » — Vous ne m'en voudrez pas, Messieurs, de
vous avoir reproduit fidèlement le style de nos chers
et honorables colons. — Car il vous a, mieux que
toute autre rédaction, fait bien saisir leurs sentiments.

2° Ils n'ont pas non plus compris que la commission ne leur promit point d'appuyer leur passage du
régime militaire au régime civil, à l'expiration de la
première année de leur installation, engagement que
le gouvernement a pris, par l'article 7 du décret du 19
septembre, ainsi conçu : « Les colons seront soumis
« aux lois et arrêtés en vigueur dans les territoires
« sur lesquels ils auront été placés.

« Dans le délai d'un an, ou plus tôt s'il est possible,
« les communes agricoles seront assimilées, pour le
« régime municipal et judiciaire, aux communes des
« territoires civils. »

Je n'aurai point, contre l'autorité militaire, de paroles amères pour demander qu'elle ne soit plus chargée
de la direction des villages. Je le ferai sympathique-
ment, pour elle comme pour les colons. — J'ai quelque

dévouement aux choses que je crois bonnes et aux hommes que je crois malheureux. Or, la colonisation de l'Algérie est, à mes yeux, une très bonne chose, et nous n'avons admis que des hommes en péril, par la crise industrielle, politique et financière; ils étaient donc très malheureux. — Cependant, quand je me suis demandé si, militaire, je voudrais avoir la direction d'une colonie, je me suis toujours répondu : Non. — Est-ce à dire que je ne considère point une telle position comme honorable et méritoire? Loin de moi cette pensée. Aussi, j'aurais désiré que le ministre se fût montré plus large, sur les demandes de récompenses que nous lui avons faites, pour ceux des directeurs qui ont eu le bonheur d'obtenir un succès marquant. — Le motif de répugnance tient à cela, que semblable mandat est en lui-même une mauvaise attribution. Rien n'est désastreux comme de placer dans une position compromettante des hommes appartenant à une grande institution, à un grand corps; c'est compromettre avec eux la chose publique, l'État.

Dans les premiers instants, alors que l'on eut indispensablement besoin d'une action prompte et énergique, pour commencer, sur toute la surface du pays à la fois, les installations, et que cette action ne pouvait être obtenue que des forces militaires, il fallut bien avoir recours à l'autorité qui en disposait immédiatement et pouvait les faire mouvoir avec le plus de célérité. — Mais ce moment de nécessité est passé.

Je n'entrerai dans aucuns détails pour démontrer ce que la colonisation, d'une part, et le caractère militaire, de son côté, perdent à cette union mal assortie.—Il suffit de rappeler que le mari et la femme, la mère et la fille, sont soumis au pouvoir arbitraire d'un chef, souvent jeune et célibataire.—Or, en mettant de côté les révélations faites par la presse ou sorties des instructions judiciaires, il est constaté, par les sévérités de la morale et les calomnies de l'insubordination, que pareille organisation est également compromettante pour les administrateurs et les administrés.

3° Les colons n'ont pas compris davantage que la commission ne se montrât point favorable à leur juste et vif désir d'être organisés en garde nationale, en milice.

Toutes les légions de Paris nous ont donné, pour porte-drapeaux des convois, soit des gardes nationaux, soit des officiers sortis de leurs rangs. — Les drapeaux ont été remis aux colons, la plupart gardes nationaux ou officiers eux-mêmes, par les ministres de la guerre, de l'intérieur et de l'agriculture, par le Président du pouvoir exécutif. Ils étaient en présence des maires de Paris et de la banlieue, en présence des membres de l'Assemblée constituante, bénits par le Prélat métropolitain ou par ses délégués, MM. les curés de toutes nos paroisses.—Lors de cette solennelle remise, on disait aux colons : —« Cet « étendard, souvenir de la patrie, symbole de notre « liberté républicaine, vous le placerez à côté de la « croix, symbole de notre foi ; s'ils étaient attaqués, « vous sauriez les défendre, parce qu'en eux seraient

« attaqués les emblèmes de la civilisation et de la li-
« berté du monde. »

Puis, il s'est trouvé des administrations qui n'ont
point voulu délivrer d'armes aux citoyens qui avaient
reçu et accepté un aussi patriotique, un aussi saint
mandat. — Cela s'est fait, cela existe encore dans
un pays où la révolte des indigènes, tous armés jusqu'aux dents, est sans cesse menaçante, — dans un
pays où l'on voit des bataillons, recrutés de tous
condamnés militaires, armés de pied en cap.

Et quand nos colons adressent à la commission
d'inspection leur supplique, pour sortir d'une position aussi périlleuse, aussi infamante ; quand ils demandent que, sous le rapport de la confiance et des
armes, on les traite sur le pied des indigènes et des
militaires condamnés, ils sont éconduits ; il n'en est
pas dit un mot dans le rapport !... Oh ! oui, voilà des
déceptions, des *surprises*, pour me servir d'expressions employées dans ce même rapport, et dont
j'aurai l'honneur de vous entretenir plus tard. —
Mais quels en sont les auteurs, quels en sont les
complices ? Ce n'est pas nous, ce ne sera pas nous,
Messieurs ; nous ferons entendre la réclamation des
colonies.

Si, tandis que les colons sont désarmés, nos sym-
boles politiques et religieux, recommandés à leur
garde, étaient attaqués, que feraient nos braves, nos
malheureux concitoyens ?—Fidèles à la foi du contrat,
ils les défendraient.... mais ils seraient massacrés !

Pareille catastrophe arrivant,—vous qui ne voulez
pas qu'on les arme, ne croyez point que vous obtien-

driez grâce auprès des contemporains ou de la posté-
rité en écrivant sur leur tombe : *C'étaient des insurgés.* — D'âge en âge, vous seriez maudits,... et maudits à juste titre !

Si le gouvernement vient à comprendre tout le mal
qu'il se fait, par la suspension des droits civiques et par
le désarmement qui pèsent sur les colonies agricoles,
il ne suivra point la voie que le rapport de la commission d'inspection lui trace. En effet, voici les di-
res qui s'accréditent :

« La population des colonies agricoles représente
« le peuple de Paris, ce peuple dont les vétérans en
« 1830, dont la jeune phalange le 24 février, ont
« opéré les désarmements et émancipé tout le peuple
« de France. Le désarmement et la tutelle militaire
« des colons ne sont que des représailles, des châti-
« ments. »

A ce compte, 1,500 Français, pères de famille, mères
et enfants, seraient en Afrique les victimes expiatoires
de nos deux révolutions. — Il ne faut pas qu'un gouvernement, un gouvernement républicain surtout,
laisse s'enraciner de pareilles croyances. — Pour l'empêcher, le moyen est simple : qu'on rentre dans le
droit commun. — Hors de là, tout n'est qu'abîme.

Il vous tarde, Messieurs, d'avoir des nouvelles de
ceux de nos colons surtout qui ont passé en masse
pour n'avoir aucune chance de réussite, pour être
des hommes à jamais perdus.

J'ai retrouvé dans les villages et de ces ébénistes,
et de ces horlogers, et de ces ferblantiers, dont on a,

sans aucune pudeur, tant glosé, oubliant le respect auquel a droit, même dans ses témérités, le père de famille qui expose sa vie, pour créer à ses enfants un avenir que le sol natal leur refuse.—J'en ai retrouvé, dis-je, qui étaient devenus bons terrassiers, bons carriers, bons défricheurs, et, de tous les travaux de force qu'un homme puisse faire, le défrichement en Algérie et le plus exténuant.

Je n'ai pas jugé de la transformation de ces ouvriers d'art seulement par la vue du travail exécuté sur leurs concessions, ils auraient pu, avec quelque argent, faire faire leur défrichements, creuser leurs puits ; mais j'ai inspecté leurs mains, et j'y ai lu, dans leurs épaisses callosités, le brevet authentique de leur transformation. — Cependant je ne conclurai point de là qu'il faille choisir, comme colons, ceux des ouvriers d'art qui n'auraient point été précédemment cultivateurs proprement dits. Mais j'ai dû, pour l'honneur de ces colons, vous signaler leur succès ; j'aime à le faire aussi, pour vous mettre à même de rassurer la sollicitude publique sur ces familles qui ont paru s'aventurer trop témérairement, mais chez lesquelles la bonne conduite et l'énergie morale ont suppléé à la force physique et à l'habitude des travaux qui la réclament.

Je regrette amèrement que le si habile rédacteur du rapport n'ait point saisi ce sujet, ou tout autre analogue, pour tracer, de sa main de maître, quelque consolant tableau en l'honneur des colons. Ce qui aurait reposé le cœur et l'âme des lecteurs, au milieu de ces peintures vraies, saisissantes, mais pénibles à parcourir, où les vices de notre civilisation, les calomnies reprochées systématiquement aux colons, sont reproduits avec une fidélité désespérante, et dont il détruit aussitôt, non tout l'effet, mais tout le mérite, en ajoutant ces brèves formules : « Ce n'est point la règle, — c'est l'exception, — la rare exception. »

Il résultera de cette mise en scène que, dans l'esprit de beaucoup de lecteurs, les bonnes impressions durables, en faveur des colons et de l'œuvre, ne seront que l'exception, comme dans la forme de la rédaction, et que les préventions calomnieuses continueront à y occuper la plus large place.

Nous voici presque entrés dans l'examen du rapport. Ne reculons pas.

Le rapport critique, ridiculise les solennités qui ont marqué le départ des convois, et proteste contre leur renouvellement ; solennités, Messieurs, dont vous fûtes les ordonnateurs, et pour lesquelles les Ministres, le Clergé métropolitain et des paroisses, les Maires des arrondissements et de la banlieue, le Préfet de Paris, bon nombre de Constituants, des représentants de toutes les Légions, le Président du pouvoir exécutif et tout le Peuple des faubourgs furent vos dignes complices.

En matière délicate, dit-on, il faut glisser et n'appuyer jamais. — On a observé le précepte ; mais on a glissé assez souvent pour que ces glissades répétées produisissent plus d'effet qu'un pavé. — Ici c'est « *la musique militaire accompagnant sur nos quais les défilés d'ébénistes* ; » là, ce sont les *émotions du départ;* plus loin, viennent les *harangues d'apparat.* — A l'avenir, que les colons partent, « *sans bruit, sans éclat.* » Mais un mot sur la *musique militaire;* nous reviendrons aux harangues.

Cette musique militaire, dont on ne veut plus que le retentissement se fasse entendre sur nos quais, en sympathie des colons, était-elle due à des séditieux, à des insurgés ? — C'étaient les musiciens des régiments de la garnison, de la garde nationale, de l'école d'état-major, ayant pour intermèdes les deux grandes et illustres familles des Orphéonistes.—Malgré l'orthodoxie des exécutants, ces concerts républicains auraient-ils fanatisé révolutionnairement les colons ? A l'un des derniers convois, vous avez été, comme moi, frappés de voir un jeune homme, portant une longue barbe et monté sur le toit d'un bateau, dire à la musique militaire, avec un noble geste que vous n'avez pas oublié : — « Taisez-vous ! le prêtre parle !... » Et le vénérable curé, délégué par l'archevêque, continua d'être entendu.

Au reste, ce fut peut-être grand dommage... car, pour préluder à la bénédiction du convoi, il débitait une de ces *harangues d'apparat* dont je suis ainsi ramené à vous entretenir.

Je sais l'abus qu'on peut faire des citations tronquées; aussi je place en note le passage textuel du rapport que je viens signaler à votre attention[1]. — Si

______

(1) « Chaque colonie a sans doute ses meneurs, ses agitateurs, qui suppléent au nombre par le bruit. Toute agglomération, si réduite qu'elle soit, offre ce spectacle. Il s'y rencontre des hommes qui se croient nés

on en supprime les phrases incidentes, voici en toutes lettres ce que dit ce passage condensé :

« ... Toute agglomération a ses meneurs, ses agita-
« teurs, qui essaient de faire porter aux autres le
« poids de leur paresse et de leur orgueil ; ceux-ci
« s'imposent violemment, ceux-là corrompent les
« âmes. En Afrique comme ailleurs, ce rôle échut à
« quelques esprits inquiets et turbulents. A vrai dire,
« aucune population n'était mieux disposée à subir
« cette pression. Elle arrivait comblée de *harangues*
« *d'apparat.* — Quoi d'étonnant qu'elle ait cédé à quel-
« ques appels ? Le vieil instinct l'emportait. »

Les coupables de ces *harangues*, vous les connaissez, Messieurs ; ce furent encore le Président du pouvoir exécutif, les Ministres de la guerre, de l'agriculture, de l'intérieur ; le **Président** de la commission des colonies à la Constituante, nous aussi, puis enfin, il faut le confesser pour lui, le clergé ; car, à aucun des convois, il ne manqua d'augmenter le nombre des criminels harangueurs.

Une société est bien à plaindre, quand elle a, pour

pour le commandement, et qui essaient de faire porter aux autres le poids de leur paresse ou de leur orgueil. Dans cette poursuite, tout moyen leur est bon. Ceux-ci s'imposent violemment, ceux-là corrompent les âmes. En Afrique comme ailleurs, ce rôle échut à quelques esprits inquiets et turbulents. La politique était un levier, ils s'en servirent. A vrai dire, aucune population n'était mieux disposée à subir cette pression. Elle arrivait comblée de harangues d'apparat, fière de son rôle et de ses droits, enivrée, pour ainsi dire, d'elle-même. Elle sortait de la fournaise d'une révolution et en conservait toute l'ardeur. Quoi d'étonnant qu'elle ait cédé à quelques appels et se soit abandonnée à quelques réminiscences ? le vieil instinct l'emportait. Mais ces écarts ne durèrent qu'un temps et n'eurent que peu de complices. Ce ne fut point la règle ; à peine était-ce l'exception. »

la pervertir, de pareils organes. Aussi faut-il que cela cesse : « *plus de bruit, plus d'éclat,* » expressions du rapport. — En effet, d'après le passage que je viens d'en reproduire, *les agitateurs qui, en Afrique, auraient voulu, ou violemment, ou en corrompant les âmes, faire subir aux autres le poids de leur orgueil,* n'auraient été que les continuateurs *des Ministres, du Président du pouvoir exécutif, du Clergé,* lesquels auraient *disposé, par leurs harangues d'apparat, la population partante à subir cette pression !*

Détournons la tête, et passons.

Oui, passons, quant à l'injure. — Mais, quant à ce qui concerne l'avenir de la colonisation, c'est autre chose.

Pourquoi donc ces solennités paraissent-elles importuner par leur souvenir? Craint-on que notre nation, qui devrait tant se répandre, ne prenne trop de goût pour la colonisation? — Pourquoi, en ridiculisant ces solennités dans le passé, les proscrit-on pour l'avenir? Ne sont-elles pas les plus puissantes garanties des engagements qui se forment entre les populations et les gouvernements!

Pour ces grands pactes, où le silencieux contrat notarié ne peut intervenir, il faut la place publique et ses échos; car c'est là le prétoire aussi où ils sont jugés, entre les gouvernements et les populations par Dieu, la justice des tribunaux étant incompétente. Le sceau qui les distingue, c'est le pied du peuple, foulant de ses masses nos quais encombrés, nos ponts pliant sous la charge, comme au départ des colons. Et pour les enregistrer, les conserver, les faire respecter, il y a la conscience de ce même peuple, bien plus sûre que le *Moniteur*.

Le *Moniteur* !... La majorité du jour n'y efface-t-elle pas, comme à plaisir, ce qu'y avait inscrit la majorité de la veille? Mais rien n'efface de la conscience populaire les engagements pris dans les solennités franchement républicaines, pareilles à celles contre lesquelles on proteste. Elles seules peuvent sauvegarder contre les *déceptions*, les *surprises* gouvernementales.

C'est ici le lieu d'exprimer un regret. On a, dans le rapport, parlé deux fois de *déceptions*, de *surprises*, et cela par inadvertance sans doute, au milieu de faits qui nous sont essentiellement communs avec l'autorité qui nous a constitués. Fâcheuse rédaction qui laisse au lecteur le soin de découvrir à qui s'adressent de pareils reproches; découverte qui n'est pas facile à faire, si, comme il faut le croire, ils ne sont destinés ni à nous, ni au gouvernement de l'honorable général Cavaignac.

C'est parce que nous ne voulons pas de *déceptions*, de *surprises*, que nous aimons ce qui peut les prévenir.

Ma préoccupation de cette sainte chose, le *respect des engagements*, me conduit, Messieurs, à vous entretenir de la propriété algérienne, au point de vue de nos colonies.

Les villages ne sont pas tous aussi convenablement placés qu'ils auraient pu l'être. A ce sujet, le rapport s'attaque aux Arabes, et le fait en ces termes : « S'a-

« git-il d'occuper un espace un peu étendu? A l'in-
« stant, on est arrêté par les subtilités des Arabes et
« la connivence des érudits. »

Des choses bien plus répréhensibles que les subtilités sont à reprocher à l'autorité, ainsi qu'à certains spéculateurs français, quant aux difficultés que
l'on éprouve pour placer convenablement les colonies
agricoles. — Mais, avant tout, une réflexion sur les
Arabes, puisque l'on n'a eu pour eux qu'un mot, et un
mot de dénigrement.

Les subtilités que les Arabes peuvent employer ne
sont pas aussi entravantes pour la colonisation qu'on
pourrait le croire. Les nombreux déplacements qu'on
leur a fait subir le constatent. Beaucoup de ces malheureux ont été tellement harcelés par les refoulements réitérés, par les cantonnements qu'on leur disait être définitifs et qui étaient changés à chaque
instant, ils regardaient comme si insuffisantes et si
précaires les compensations qu'on leur offrait (comme
on offre aux faibles), qu'ils sont retournés à la mon-
tagne, ou se sont acheminés vers le désert, pour y
rejoindre les populations insoumises.

Nos soldats, nos vrais hommes de guerre dans tous
les grades, ces braves qui aiment à enlever des posi-
tions, — mais par les armes, mais loyalement, — gé-
missent de ces razzias administratives faites sur des
populations soumises, et qui, à leur grand péril, nous
ont souvent donné preuve de leur dévouement. — J'ai
entendu, et je ne suis pas le seul, des officiers supérieurs, très supérieurs, déclarer qu'ils évitaient de
rencontrer des chefs arabes soumis à leur comman-

dement, parce qu'ils ne pouvaient supporter leurs regards sans rougir, attendu que des engagements formels, pris avec ces chefs, n'étaient point respectés. Si les Arabes se trouvent fort à plaindre d'avoir notre armée en présence le jour du combat, ils sont fort heureux d'y trouver, pour les jours de paix, d'honorables, d'imposants défenseurs, contre les loups-cerviers, si imprudemment démuselés, soit dit, en passant, par la loi d'usure.

Moins encore aujourd'hui que du temps de Carthage, on ne fondera sur la terre d'Afrique une puissance durable sans la fidélité à la parole donnée. —Notre manière de procéder, si contraire, sape les bases de notre puissance espérée: elle nous déshonore aux yeux des Arabes, aux yeux des étrangers; elle fait prédire que nous n'aurons rien réalisé en Afrique, sauf la restauration de la foi punique, sur les ruines de sa trop fameuse cité. Notre mission est cependant tout autre.

Signaler les choses qui blessent la morale publique, compromettent l'honneur national, n'est jamais un hors-d'œuvre blâmable. — Cependant les étroites limites de cette communication m'empêcheraient de vous entretenir plus longtemps de la propriété des terres en Algérie, qu'elles soient encore en la possession des indigènes ou qu'elles soient passées en d'autres mains, si ce sujet ne touchait point, par trois côtés au moins, à la colonisation agricole, savoir : quant à *la sécurité*, à la *salubrité* et à la convenable *situation des villages*, au point de vue de l'agriculture.

Quant à la sécurité : les refoulements récidivés, opérés sur les Arabes au mépris des promesses les plus positives, sont pour eux d'irritantes provocations à la révolte. Lorsqu'ils regagnent les montagnes et le désert, ils ne renoncent point aux plaines. Lorsque, s'éloignant de nous, ils vont grossir des populations insoumises, ennemies, — ils nous laissent pour adieu le serment de se venger, et ils en prennent le ciel à témoin.

On vit hier, à Zaatcha, ce que de pareils hommes, désillusionnés sur ce qu'ils pouvaient espérer de notre civilisation, savent faire pour la défensive : — « SE FAIRE TUER JUSQU'AU DERNIER. » Se faire tuer... est plus que mourir ! — Craignons d'avoir à juger ce dont ils seraient capables dans une attaque tant soit peu étendue, et changeons de conduite, — avant tout par devoir, mais aussi par prudence; car, en définitive, Dieu est pour les causes justes.

J'ai dit que, relativement aux difficultés que l'on éprouvait à trouver des emplacements convenables pour les colonies, on pouvait reprocher des choses bien plus répréhensibles que les subtilités à certains spéculateurs et à l'autorité. — Les mêmes faits réunissent ces deux culpabilités ; ils réunissent aussi la non-convenance sanitaire et agricole d'emplacements choisis pour des villages : — il me restait à vous parler, Messieurs, de ces quatre choses; je le ferai d'une seule fois, puisqu'elles se trouvent groupées sous le même point de vue.

Mais je me hâte de déclarer que, malgré ce rapprochement, je ne veux point signaler de connivence entre les spéculateurs et l'autorité. Il y a simultanéité de leurs torts; c'est déjà trop.

Je me hâte également de dire que je ne fais point allusion aux spéculateurs qui ont acheté les terres des Arabes. Ils ont spéculé comme il est permis de le faire, c'est-à-dire avec leur argent. — Les hommes dont je veux parler sont ceux qui, spéculant sur leur nom, sur leur position dans le monde officiel, pour inspirer au gouvernement une confiance dont ils n'étaient point dignes, ont obtenu, à titre gratuit, d'immenses concessions, à la charge seulement d'y faire des constructions et de les mettre en culture; — mais qui ne font ni l'un ni l'autre, si ce n'est quelquefois dans des proportions dérisoires, pour sembler avoir exécuté le contrat.

Au grand scandale de tout ce qui a le cœur honnête, il est de notoriété publique qu'ils sont en cas de déchéance pour non exécution des conditions de la concession ; il est d'opinion générale, hautement exprimée, que leur déchéance serait prononcée s'ils n'étaient puissants; — et il n'est, dans le rapport, parlé que des subtilités de ces malheureux Arabes, lesquels n'en peuvent mais !...

Nous avons fait de longs parcours à travers ces magnifiques et fertiles domaines incultes. Ils devraient bien appartenir à nos colons, s'il est vrai que *« le Peuple est Roi ! »* car ce sont de véritables domaines princiers. — Mais non ; — quand nous les avons parcourus, c'était pour aller au loin trouver les colons, sur des terres médiocres, où ils épuisaient leurs forces.

« Vous vous trompez, me dirait peut-être quelque

« habile complice, en qualifiant de spéculateurs dé-
« loyaux ces possesseurs de terres fertiles qui les lais-
« sent incultes. Ce sont des fous. » — Non, répondrais-je;
ils sont spéculateurs, et de la pire espèce. Ils attendent
que des travailleurs, des pères de famille dévoués
soient allés, au péril de leur vie, former dans l'intérieur des centres d'activité qui donneront à ces domaines, quoique incultes, une grande plus-value, et
alors ils vendront. Ils vendront à des colons sérieux,
intentionnellement du moins ; mais ceux-là se seront
épuisés peut-être pour payer à ces concessionnaires
gratuits le lucre de leurs odieuses spéculations, et des
friches délétères continueront d'exister là où une culture salubre devrait être florissante.

Je ne serais pas étonné que l'on proposât bientôt
de faire racheter à grand prix par le gouvernement,
pour y établir des villages, ces domaines gratuitement
concédés. Si monstrueuse que fût, financièrement par-
lant, semblable opération, cela vaudrait encore mieux
que de faire traverser à nos pauvres colons les riches
terres voisines du littoral, où les brises de mer sont
si précieuses aux travailleurs européens, pour les envoyer sur des terres ingrates, sous un soleil plus ar-
dent, où l'air est chargé des sables du désert.

Cela vaudrait mieux que de les établir à une telle
distance des villes que le convalescent, sortant de
l'hôpital, gagne fatalement une rechute par la fatigue
du retour. — Je ne parle que de rechutes, parce que j'ai
quitté l'Algérie le 5 septembre ; mais je crains bien
qu'en revenant à l'hôpital, à travers ces propriétés dé-
sertes, sur lesquelles ils auraient dû être établis, nos

pauvres colons, *moribonds nomades*, n'y aient jeté, pour la dernière fois, leurs regards d'envie, de regret et de reproche.

Dans ce reproche, dans ce legs du malheur et du désespoir, je ne veux point que ma part se trouve. Je le repousse tout entier sur ces puissants qui tirent profit de semblables choses, et sur ceux qui, pouvant les empêcher, ne le font pas. — Pour mon compte, je croirais perdre tout droit à la confiance, à l'estime de vous d'abord, Messieurs, et aussi de mes autres concitoyens, comme du gouvernement lui-même, si, connaissant de pareils abus, je n'accomplissais pas le devoir de les signaler.

Quand je parle d'insalubrité, je ne puis terminer, Messieurs, sans vous entretenir de Robertville. Ce village est situé à 34 kilom. de Philippeville, non loin des gorges de la Kabylie, peu soumise : si l'état sanitaire y est déplorable, la sécurité y laisse donc à désirer aussi. C'est une position qui, d'après des militaires très compétents, peut être rendue au bureau arabe, pour un poste d'indigènes. — Lors même qu'il en serait autrement, lors même que les constructions devraient être perdues, je n'admettrais pas que cette considération d'intérêt financier pût l'emporter sur la santé, sur la vie des colons.

Alors que le gouvernement assigne une résidence à des hommes qui s'enrôlent pour partir sans connaître le pays, on ne peut pas les envoyer dans un village où « sur 460 habitants il y avait eu 450 malades » dès avant l'automne. Après cette indication, contenue au rapport de la commission d'inspection, il me semblait que la conclusion forcée était la demande d'évacuation que je vous propose, Messieurs, d'adresser au ministre.

Je serais grandement coupable, si, vous entretenant de nos pauvres colons malades, j'omettais de signaler à votre reconnaissance et à la reconnaissance publique le dévouement que les médecins, les chirurgiens, les pharmaciens, les officiers d'administration des hôpitaux, tous les membres du service de santé en un mot, mettent à leur donner des soins [1].

A Philippeville leur zèle a dépassé le nôtre. — Ils avaient demandé qu'un dépôt de convalescents fût établi à Stora pour les adultes, et aux îles d'Hyères pour les enfants. J'ai appuyé, autant qu'il était en moi, ces deux propositions : je ne crois pas qu'elles aient reçu exécution.

La santé publique me conduit, Messieurs, à vous parler des améliorations à introduire dans la composition du personnel des convois futurs. — Sujet dont il est, sous différents aspects, question dans le rapport de la commission d'inspection. — Il est des améliorations dont l'expérience démontre l'utilité, en même temps qu'elle donne la facilité de les obtenir.—Cette facilité, nous en userons, nous ou nos successeurs.

(1) Ces Messieurs ont souvent, à leur grand regret, trouvé un obstacle à leurs bonnes intentions dans la rigueur des réglements. — Par exemple, il aurait été fort désirable, pour les enfants très nombreux et pour les nourrices, que l'heure du déjeuner, déjà tardive pour les convalescents ordinaires, fût avancée, ce qui n'a pu se faire.

Je dis nos successeurs, parce qu'il sera bien difficile au ministre de refuser la dissolution de notre commission, si instamment sollicitée dès avant le départ de la commission d'inspection. — Je ne serais pas d'avis de protester. La lettre que l'ancien ministre de la guerre, l'honorable général Lamoricière, nous adressa après le départ des convois, et notre conviction d'avoir religieusement accompli notre mandat doivent nous suffire pour le passé.—Quant à l'avenir, notre action comme simples citoyens, amis des colons, sera plus facile, et probablement plus efficace que notre action officielle; car alors, ces entraves hiérarchiques, qui nous ont si souvent neutralisés, ne nous gêneront plus. — On peut bien obtenir la révocation de notre commission, mais on ne pourra nous séparer individuellement des colons. Le lien qui nous unit à eux, ayant pour point d'attache nos consciences, est au-dessus du niveau que nos adversaires peuvent atteindre.

L'expérience, ai-je dit, facilitera pour nous, ou pour nos successeurs, une meilleure composition du personnel des convois. — En effet, avec les tables mortuaires, qui sont maintenant en nos mains, on dissuadera facilement les aspirants colons qui ne paraîtront point avoir l'aptitude physique, les habitudes de vie et l'énergie morale nécessaires pour prospérer.—Autrefois, ils considéraient souvent nos observations dissuasives comme exagérées, et nous répondaient : « Il vaut mieux aller en Afrique, « mourir de fatigue plus tard, que de mourir bientôt de faim en France. » — Quand on leur présentera les états nécrologiques des colonies, ils verront que, dans le cas où l'on n'est point apte à la colonisation, il ne s'agit pas de mourir *plus tard*, mais de mourir *plus tôt*...Et ils se retireront, sans que l'on n'ait plus à subir les redoutables assauts de ces misères affamées, implorant en larmes la triste faveur d'aller manger, en Algérie, un pain de mort... Sollicitations devant lesquelles notre conscience n'a jamais failli, mais qui ont mis notre cœur, notre jugement à de cruelles épreuves.

Cela me rappelle, Messieurs, que dans le rapport de la commission, avec toute la délicatesse de forme que l'art le plus perfectionné peut atteindre, on nous reproche d'avoir *pris les colons au hasard;* par avance, il est vrai, on nous excuse.—Nous n'accepterons pas l'excuse. Que le reproche et sa cicatrice restent seuls. —Il est des injures que l'on ne repousse pas. Quand on ne les pardonne point, on publie bien haut de qui on les a reçues, et c'est assez se venger.

Le rapport stipule qu'à l'avenir des cultivateurs exclusivement soient envoyés en Algérie.—Des hommes connaissant la culture, et rendus, par l'expérience, aptes à la pratiquer, sont certes indispensables pour la colonisation agricole. Ce sont eux qui peuvent le mieux en profiter personnellement, et rendre au pays les avantages qn'il doit espérer de cette grande et dispendieuse opération. Il faut donc les admettre de préférence à tous autres. —Mais je n'accepte pas la qualification de *cultivateur*, dans le sens étroit du rapport; car elle y signifie des hommes qui sont encore cultivateurs de fait, au moment où ils se proposent pour partir. — Je réclamerai en faveur d'un plus grand nombre.

Le rapport demande en outre que ces cultivateurs soient pris dans les provinces, chose juste en gardant une proportion convenable. — Mais il excepte les départements voisins de Paris , et Paris surtout. — La population de Paris serait donc en masse mise hors la loi de colonisation. — Pourquoi aussi a-t-elle, au départ des convois, sympathisé à ces harangues d'apparat, par lesquelles on disposait les colons partants à subir la pression des agitateurs ?

Pourquoi aussi a-t-elle déployé tant de majesté populaire, dans ces solennités patriotiques et religieuses, si franchement républicaines, dont le *bruit*, dont *l'éclat* ne doivent plus se reproduire ? C'est nous, Messieurs, qui l'avons induite à se compromettre de la sorte. C'est donc doublement un devoir pour nous de la défendre. — Avec l'équité d'une part, et de l'autre la loi de la Constituante, nous le ferons efficacement, je l'espère.

Mais à quoi bon argumenter de la loi, pour réclamer en faveur des populations de Paris et des départements limitrophes qu'elles soient admises à fournir leur contingent dans la colonisation algérienne, si elles ne possédaient pas le personnel qui convient à une entreprise aussi chanceuse? Dans ce cas, ce serait les exposer à des dangers, et non les servir. — Avant donc d'examiner quel est, d'après les lois existantes, le droit de ces populations à la colonisation, nous devons rechercher s'il s'y trouve de nombreuses individualités qui puissent concourir efficacement, pour elles et pour le pays, à cette difficile et grande œuvre.

Tout d'abord, la banlieue est peuplée d'agriculteurs dans la largeur de l'expression. D'un autre côté, beaucoup d'industries urbaines ont pour personnel des hommes qui appartiennent plus à la campagne et à l'agriculture qu'à la ville et à ses travaux spéciaux. Tels sont les jardiniers, les charretiers, les cochers, les palefreniers, les terrassiers, etc. —La majeure partie des commissionnaires, des forts de la halle, des porteurs d'eau, des débardeurs et des hommes de peine en général ont travaillé à l'agriculture, dans leurs villages, jusqu'à l'âge de la conscription au moins. — On peut en dire autant d'un grand nombre de commerçants, d'ouvriers des usines et d'ouvriers d'art. — Ces hommes ont les connaissances pratiques, et, s'ils ne sont pas trop avancés en âge ou usés avant le temps, ils ont aussi l'aptitude physique nécessaire à la colonisation. — Paris et ses environs reçoivent l'afflux de toutes les provinces. Beaucoup de ceux qui viennent pour y chercher fortune, n'y trouvent que la misère. — Il serait immoral et impolitique de refuser à ces existences en peine la ressource de la colonisation algérienne, alors que l'aptitude individuelle serait reconnue.

Je demanderais donc qu'au point de vue de l'aptitude, l'homme élevé dans l'agriculture jusqu'à l'âge de la conscription fût admissible comme colon.—Pour la femme, il suffirait qu'elle y eût été employée jusqu'à 18 ans, — c'est l'âge auquel les domestiques et les filles de fermier quittent ordinairement le village pour venir à la ville.

Voilà quant au savoir pratique et à l'aptitude physique si recommandés chez le cultivateur. — Mais il est quelque chose au-dessus de tout cela, pour la réussite du colon : c'est sa force morale ; comparée à celle-ci, la force physique n'est rien. Il y a, pour le corps du colon, de fréquents, de longs instants de repos. Il n'y en a point pour son moral. Et quand le découragement s'empare de lui, quelque musculeux que soient ses bras, ils deviennent impuissants ; quelque développement que présente sa charpente, c'est, après quelque temps de dépérissement , un homme de moins.

Or, les hommes au moral les plus forts se trouvent-ils dans les campagnes ou dans les villes ? — Dans les villes assurément, et surtout dans Paris, la ville des villes. — La raison en est simple. — Par une gravitation naturelle que l'on peut observer en tout lieu et en tout temps, les villes se recrutent de ce que les campagnes voient naître d'intelligences les plus énergiques. — Toutes choses égales d'ailleurs, les plus apathiques restent au village, tandis que les plus résolus, les plus entreprenants, vont courir les risques de l'éloignement. — C'est avoir déjà fait vers la colonisation une étape, dénotant qu'on peut y être apte, que d'avoir quitté son village. Les paysans proprement dits, quelle que fût d'ailleurs leur carrure, ont, en général, mal réussi comme colons, faute de l'énergie morale indispensable dans une œuvre aussi ardue.

Ces vérités sont constatées en Algérie même, par l'expérience des dix-neuf années qui viennent de s'écouler. Sur les lieux, on en recueille la confirmation de la bouche des hommes les plus compétents. Puisqu'elles n'ont point été admises dans le rapport de la commission, j'aurais désiré qu'elles y eussent été discutées, réfutées, si cela est possible.—La chose en valait bien la peine, car la stipulation du rapport que je combats ne va pas moins qu'à demander implicitement l'abrogation du décret de la Constituante voté principalement en vue de la population des grands centres industriels, et de Paris surtout.

Mais n'anticipons point; j'ai encore à parler des aptitudes qui donnent le droit de participer à la colonisation, avant d'examiner les droits qui sont acquis aux différentes populations, en vertu des lois existantes.

Pour en finir par un mot, quant aux anciens agriculteurs devenus habitants des villes, et qu'à ce titre l'on voudrait repousser, je dirai : Si ces aspirants colons sortent de nos grands centres industriels, tant mieux. Il y a de la science, il y a du génie diffus dans l'atmosphère de nos ateliers. Celui-là qui s'en imprègne acquiert l'aptitude aux perfectionnements. A ces hommes, anciens laboureurs, nouveaux initiés aux arts, nous devrons bientôt, soit pour la confection des ustensiles aratoires et des machines agricoles, soit pour les différentes mains-d'œuvre, les différents procédés que l'agriculture emploie ou réclame, nous leur devrons, dis-je, bientôt d'ingénieuses améliorations, d'utiles découvertes;—améliorations, découvertes qu'ils auraient été incapables de faire, s'ils n'avaient eu que l'enseignement du village, — améliorations, découvertes auxquelles n'auraient jamais songé les plus savants théoriciens.

Une condition d'aptitude précieuse pour la colonisation algérienne consiste dans ce que j'appellerai *quasi acclimatation préalable.*—Cet avantage appartient aux personnes élevées ou vivant déjà depuis long-temps dans les départements méridionaux. — Quant aux indigènes des départements du Nord, s'ils sont restés dans ce même climat, l'expérience prouve que ce serait les exposer à de trop grands risques de mort que de les appeler à la colonisation algérienne. — A ce point de vue donc, je n'admettrais comme aspirants colons, 1° les hommes nés dans les départements du Nord, qu'autant qu'ils habiteraient depuis deux ans au moins les départements méridionaux; — 2° les hommes habitant les départements du Nord, qu'autant qu'ils auraient été élevés jusqu'à l'âge de la conscription dans les départements méridionaux.

Il me reste à vous indiquer, Messieurs, le dernier moyen qui, selon moi, compléterait les garanties d'un bon recrutement des colonies agricoles. — La France est fière de posséder beaucoup de bons et modestes agriculteurs solennellement brevetés comme tels. Ce sont les lauréats des comices agricoles et des sociétés d'agriculture. Beaucoup d'entre eux vivent à l'état de domesticité. Faites décerner, oui, décerner, car ce sera un complément du prix honorifique reçu par eux, faites décerner à ces agriculteurs expérimentés une concession double, triple de celle qui est délivrée aux colons ordinaires. — Faites plus encore; demandez qu'on les prenne pour recruteurs, et, sur leur responsabilité morale, acceptez facilement les quelques familles de leurs cantons qu'ils vous proposeront d'emmener avec eux. — Une grande attention, toutefois, devrait être apportée à ce que la vénalité ne s'introduisît point dans ces présentations.

Avec les lauréats agricoles pour recruteurs, on obtiendrait un personnel éminemment apte au point de vue professionnel, présentant des agrégations homogènes, compactes, sympathiques, et possédant viscéralement, par là même, une grande partie des éléments de cette force d'action, de cette force de résistance indispensables aux colons algériens. — Pour un pareil personnel, si peu qu'il eût la force morale, le succès serait facile, prompt, certain.

J'aurais désiré que ces vues se trouvassent consignées dans le rapport de la commission d'inspection. C'était là leur place, je crois; — mais vous pourriez, Messieurs, y suppléer, en les signalant au ministre, si elles avaient votre approbation.

Vous le voyez, Messieurs, je ne suis réfractaire à aucune amélioration possible dans le choix des colons futurs. Loin de là, j'en propose qui me sont personnelles. — Mais je me dresse de toute la hauteur de ma conscience contre ce qui pourrait porter atteinte aux droits acquis. — D'ailleurs, ce pouvoir absolu qu'ont les commissaires et le gouvernement de refuser les demandes d'admission laisse, dans la pratique, une assez large part à l'influence des conseils venant de l'expérience; conseils qu'il faut écouter, mais qu'il n'est pas permis de traduire en lois rétroactives, violant des contrats parfaits.

Deux choses fort distinctes, et qu'il importe de séparer, ont été confondues dans le rapport de la commission d'inspection, savoir :

1° Les lois existantes et les demandes qui, ayant été faites en vertu de cette législation, doivent être régies par elle.

2° Les bases d'une nouvelle législation qui peut établir d'autres conditions d'admissibilité pour les futurs aspirants colons. — Quant à cette seconde partie de la question, mes vues vous sont connues, Messieurs, par l'exposé que je viens d'avoir l'honneur de vous faire en opposition aux propositions de la commission d'inspection.

Il me reste à démontrer qu'il y aurait violation de droits acquis, si le gouvernement admettait les propositions de cette commission, tendant à faire repousser de toute participation à la colonisation les citoyens de Paris, fussent-ils cultivateurs, et les ouvriers appartenant aux provinces, eussent-ils été cultivateurs autrefois.

Il y a, en vertu du décret de la Constituante et de la loi du 19 mai, droit acquis au bénéfice de tout aspirant colon qui a fait sa demande, conformément à leurs prescriptions, sauf vérification de son admissibilité. — Ces lois contiennent les offres du gouvernement à la population; — les demandes par lesquelles il a été répondu à ces offres en sont les acceptations et rendent le contrat parfait. — Disons plus, il y a eu commencement d'exécution, ce qui le rend plus sacré encore. En effet, il est des familles qui ne seraient point parties, si elles n'avaient considéré comme certain qu'elles seraient bientôt suivies par d'autres familles amies, remplissant notoirement les conditions d'admissibilité alors exigées.

Les demandes connues de vous, Messieurs, et celles que nous pouvons ignorer, doivent donc être examinées pour être accueillies ou repoussées, en vertu de la législation actuelle élucidée par les lumières de l'expérience.

Hors de là, il n'y aurait 1° que : violation des principes les plus élémentaires et les plus fondamentaux du droit; 2° lésion des intérêts les plus légitimes ; 3° froissement des sentiments les plus respectables; 4° excitation des irritabilités les plus à craindre, en même temps qu'avilissement de la foi gouvernementale.

1° Quant à la violation des principes fondamentaux du droit, elle serait tellement patente dans la rupture d'un contrat synallagmatique suivi de commencement d'exécution, rupture opérée par l'une des parties, malgré les réclamations des contre-intéressés, qu'elle n'admet pas la démonstration.

2° La lésion d'intérêts on ne saurait plus légitimes aurait lieu par le rejet, en masse et sans examen, de toutes les demandes qu'ont faites, depuis un an, des citoyens confiants dans la loi de la Constituante et la loi du 19 mai surtout. — Ces aspirants colons, ayant eu de plus foi aux paroles prononcées à la tribune par le ministre de la guerre, lors de la discussion de cette dernière loi, ont pensé qu'ils pourraient concourir pour les prochains convois. Ceux qui étaient certains de se trouver dans les conditions prescrites par la loi ont cru devoir résilier des baux, des entreprises d'ouvrages, faire, à vil prix, des ventes de toutes natures, pour se tenir prêt à partir. — Alors qu'ils ont de si graves, de si légitimes intérêts engagés dans la question des départs, on ne peut, sans les entendre, les condamner à rester pour toujours; — mais on peut, si la chose est vraie, leur démontrer individuellement qu'il leur serait préjudiciable de partir, et les refuser. — En agissant autrement, on semblerait ajouter à la méconnaissance de leur droit le mépris de leurs intérêts et le dédain pour leurs personnes.

3° Quant au froissement de sentiments honorables qu'il faut ménager, il aurait lieu dans la séparation forcée, dans la séparation à tout jamais de ces familles amies, dévouées, ayant besoin des secours, des consolations les unes des autres, qui le sentaient en se séparant et ne se sont dit *qu'au revoir;* — qui le sentent maintenant bien plus vivement encore, et pour lesquelles les propositions de la commission d'inspection tendraient à changer cet *au revoir* du départ, déjà si triste, en éternel adieu. — Non, messieurs, nous réclamerons contre une telle mesure qui multiplierait à l'infini les ravages de la nostalgie.

4° Quant à la redoutable irritation que la rétroactivité demandée causerait, elle est si évidente, qu'à défaut de respect pour la sainteté des contrats, la plus vulgaire prudence prescrit d'éviter un pareil écueil. —Au moment où la population ouvrière était dans une détresse excitant la plus juste compassion et dans une agitation n'excitant pas de moins grandes, de moins réelles inquiétudes pour l'action gouvernementale, un vote de 50 millions est fait d'acclamation, afin de soulager pendant trois ans cette population, et *de la pacifier à tout jamais,* s'il est possible;—puis, au bout d'un an, se fiant sur ce que les souffrances sont un peu moins vives et sur une sorte de trêve que semblent avoir faite des animosités toujours profondes cependant, on dénierait à la partie de la population en faveur de laquelle principalement ce vote a eu lieu toute participation aux 25 millions qui restent disponibles. — Cela dépasserait toute espèce d'appréciation. — Il faut que le peuple, quand il est en émoi, puisse avoir confiance dans les avantages que le pouvoir lui promet à l'heure des crises. Autrement, je ne connaîtrais plus à l'autorité d'ancre de salut le jour d'une tempête.... Les imprudents ! pour ne pas dire plus....

Dans notre amour de la paix publique, dans notre sollicitude pour les ouvriers et pour la population parisienne, que l'on voudrait frapper d'ostracisme quant à la colonisation agricole,—dans notre dévouement à la République, nous réclamerons, Messieurs, pour que sa parole ne soit pas ainsi violée.

En effet, il n'y a pas là seulement une question d'administration, d'humanité, de bonne foi. — Les ennemis de la République y introduisent une question de régime politique.

On dit au peuple : « Que les colons aillent chercher « ce pouvoir exécutif.... ce pouvoir républicain, « éphémère avec lequel ils ont contracté ! — S'ils « avaient eu affaire à un pouvoir stable, comme la « monarchie, ils trouveraient à qui parler. »

Le contrat a été passé avec bien plus qu'avec un monarque. — Il a été passé avec la nation directement ; — et, pour obtenir satisfaction, il y a bien plus que la faveur des hommes de cour : il y a l'appui de la conscience nationale. — Nous le réclamerons. — Ne pas le faire, serait, dans ces circonstances, un crime de lèse-république.

Dans sa partie relative à l'état moral des colons, le rapport de la commission d'inspection présente des oublis et une erreur de fait. — C'est en énumérant les griefs reprochés au socialisme, et leurs effets, que l'on a commis les oublis et l'erreur.

Les oublis consistent à n'avoir point indiqué les associations plus ou moins favorisées, plus ou moins entravées par l'autorité, et qui, en général, n'ont, pour ainsi dire, pas eu de suite ; ce qui n'est point étonnant, dans des centres où la population est sous le poids d'une telle suspicion, qu'on ne la juge pas digne d'avoir des armes pour se défendre contre les Arabes armés, — qu'on ne la juge pas mûre pour vivre autrement que sous la tutelle militaire. — Mais au moins il résulte de ces associations, ou de leurs tentatives, la preuve de bons sentiments de sociabilité entre les colons.

Quant à l'erreur, elle consiste à avoir attribué à un fait exact une cause qui n'est pas la sienne, et ce fait est justement celui qui, d'après le rapport, prouverait combien les autres énonciations sont graves et concluantes.

L'addition de ce fait dans le plateau de la balance où n'est pas sa place, et l'oubli de tous ceux qui appartiennent à l'autre plateau, altèrent singulièrement le véritable équilibre des données réelles de la question que l'on traitait.

Voici textuellement le passage du rapport où se trouve cette erreur :

« Les baraques en bois ne comportaient point de cheminées intérieures, et, afin d'y suppléer, les colons s'étaient érigé, à leur porte même et en plein air, de petits foyers en pierre sèche où ils préparaient leurs aliments. Ce spectacle éveilla la sollicitude de quelques directeurs. Ils firent construire, par les soins du génie, de vastes cuisines circulaires, pourvues d'une quinzaine d'âtres distincts, qui aboutissaient à la même cheminée. On devait croire que les colons quitteraient leurs cuisines informes, exposées à toutes les intempéries, pour venir, à tour de rôle, occuper ces places commodes et couvertes qu'on avait disposées à leur intention. Il n'en fut rien : la cuisine commune demeura vide ; les ménagères continuèrent à braver la pluie et le soleil. C'est qu'elles aimaient mieux, au prix de quelques inconvénients, s'affranchir des ennuis et des risques du voisinage. — Chacun chez soi, chacun pour soi ; — ainsi pouvait se traduire et se commenter leur façon d'agir. »

Voilà maintenant les vrais motifs qui ont empêché d'utiliser les cuisines dont il s'agit. — Par prudence, on les avait placées à une certaine distance des maisons les plus rapprochées, et elles se trouvaient fort éloignées des autres : pour les fréquenter, il fallait y porter ustensiles de ménage, vaisselle, bois, charbon, eau, aliments, etc., etc., et les rapporter deux ou trois fois par jour, selon le nombre des repas ; total 4 ou 6 déménagements, sans compter les courses nécessitées par les oublis : — la casse et les autres accidents du transport sont à noter aussi. — Mais il y a bien plus ; la ménagère, quand elle a mis les aliments sur le feu, devant la porte de sa maison, a l'œil et l'oreille en même temps au berceau de l'enfant qu'elle allaite, à ses autres enfants qui travaillent ou jouent auprès d'elle, au lit de son mari malade qu'elle soigne, à sa maison enfin, ce qui ne l'empêche pas de savonner, de balayer, de raccommoder, etc., etc., ou de travailler à son état, si elle en a un sédentaire. — Mais est-elle à la cuisine communale, rien de tout cela ; car elle ne peut la transformer en salle d'asile, en école et en hôpital, pour y transporter malades et enfants de tout âge.

Il ne faut pas se fonder sur l'abandon des cuisines communales de Lodi pour attribuer aux colonies agricoles l'égoïste devise du *chacun chez soi.* — En voulant tirer sur le socialisme, on a porté atteinte au caractère des colons.

S'ils entendaient la lecture de cette partie du rapport, sauf l'erreur que je viens de signaler, ils laisseraient passer l'exposé parce qu'il est matériellement exact, et parce que le style, la forme d'un écrit appartiennent essentiellement à son rédacteur. Mais arrivés à la conclusion que cette forme a préparée, ils protesteraient, — le *chacun chez soi* ne représen-

tant ni leur morale ni leur foi. — Leur morale d'hommes politiques, c'est la fraternité républicaine. —
Leur foi d'hommes religieux, c'est la charité chré-
tienne. — Leur morale, leur foi sociale, c'est l'intime
fusion, la loyale observation du principe politique,
fraternité, du principe religieux, charité. — Leur attribuer le culte du *chacun pour soi,* c'est faire injure à
leur foi politique et religieuse. — Le *chacun chez soi*
est pour eux un blasphème et contre l'Évangile et
contre la Constitution de la République.

La mort vient d'enlever et enlèvera certainement
encore beaucoup de chefs de famille parmi les colons.
Ce sera pour vous, Messieurs, une consolation d'ap-
prendre qu'il existe, dans les trois provinces, des établissements ouverts aux orphelins. — On doit regretter
que, pendant ses différents séjours à Alger, la commission d'inspection n'ait pas trouvé le temps d'aller
visiter ceux des établissements de ce genre que pos-
sède cette province. — Mais la notoriété publique dit
qu'ils sont bien situés dans les environs de la ville et
qu'ils prospèrent.

Il n'est pas moins regrettable que, dans le voyage
qu'elle a fait à Mizerguin, la commission n'ait pas eu
le loisir d'aller visiter l'orphelinat qui s'y trouve :
— mon honorable collègue, M. Testu et moi, nous
avons seuls eu ce bonheur. — L'établissement, parfaitement situé dans le village, est plein d'avenir.

C'est chose notoire dans les trois provinces que le
gouvernement porte un vif intérêt et accorde une
large assistance à tous ces établissements.

Au moment où les ravages du choléra attristent si cruellement à l'endroit des colonies agricoles tous nos concitoyens restés en France, il y a dette d'humanité envers eux d'être l'écho de cette bonne renommée. — C'est justice d'en offrir à l'administration de la guerre le témoignage de la reconnaissance publique et de lui en exprimer la nôtre. Il m'est agréable, Messieurs, de penser que vous aimerez à accomplir ce triste devoir. — Ce sera d'ailleurs réparer une lacune dans le rapport de la commission d'inspection.

Je dois faire observer que les établissements ouverts maintenant aux orphelins de l'Algérie n'ont rien de commun avec un projet que j'ai pour la translation en Algérie des enfants trouvés de France ; mesure qui amènerait la création d'orphelinats tout spéciaux et qui n'auraient rien à demander sur les 50 millions votés pour la colonisation agricole. — Assez d'autres veulent dépecer, au profit de leurs vues de toute espèce, ce chétif budget offert en secours à l'industrie nécessiteuse, et indispensable tout entier pour assurer l'avenir à cette grande œuvre nationale.

Nous devons, Messieurs, rendre hommage à l'administration, pour le soin véritablement religieux qu'elle a donné au choix des curés auxquels est confiée cette population que vous avez vue si pieusement recueillie, quand elle a reçu les bénédictions du départ. — En d'autres termes, les pasteurs et les troupeaux sont dignes les uns des autres.

Cette intime assimilation de nos prêtres chrétiens et de leurs ouailles est d'autant plus importante en Algérie, que les indigènes réservent leurs respects les plus profonds pour l'autorité religieuse, et que, si fanatiques qu'ils soient quant à la conservation de leurs croyances, ils savent estimer le chrétien proportionnellement à la pratique consciencieuse qu'il fait de sa religion.

Lorsqu'il s'agit des musulmans, parler de la religion, c'est parler de l'éducation. — Cela me conduit, Messieurs, à vous entretenir des écoles de nos colonies, y compris les salles d'asile que j'aime encore à appeler *écoles maternelles*.

Ne fût-ce que par amour-propre national, il importerait que nous apportassions aux écoles un soin particulier dans nos possessions africaines. En effet, tous les musulmans savent lire parce qu'ils ont appris en apprenant le Coran, qui se trouve être à la fois livre d'instruction religieuse et d'instruction scolaire. — Le premier verset du Coran est la première phrase que lit tout écolier arabe. — Ce serait donner aux indigènes une triste idée de nos lumières que d'élever en Algérie une jeunesse ignare.

Les écoles maternelles sont d'autant plus utiles dans les colonies, qu'outre les dérangements causés par les enfants aux parents s'ils restent à la maison, celle-ci étant fort petite n'y permet guère leur retenue, et que l'ardeur du soleil à laquelle ils seraient exposés dehors compromettrait gravement leur santé, leur vie.

Quant aux écoles et aux salles d'asile spécialement, si vous jugez à propos d'en entretenir le ministre de la guerre, je vous proposerai, Messieurs, non pas, comme il est dit au rapport, d'appeler son attention sur ces importantes créations, — mais de le prier de transmettre à son collègue de l'instruction publique nos félicitations pour ce qu'il a déjà réalisé; car le ministre de la guerre n'a plus dans ses attributions rien de ce qui concerne l'instruction publique en Algérie, sauf les écoles indigènes.

Envisagées sous un certain aspect, les cures, les écoles, les salles d'asile, appellent simultanément, Messieurs, votre attention. — Il s'agit d'un grave inconvénient dans la répartition des colons entre les différents centres agricoles. — Plusieurs de ces centres, considérés comme hameaux (annexes), dépendent d'un centre plus considérable. Ces premiers n'ont point assez de population pour comporter cure, école, salle d'asile ; d'où il résulte que l'enfant domicilié dans ces annexes sera obligé d'aller aux établissements du chef-lieu, ou qu'il sera privé des avantages qu'ils présentent.

Le curé, à la rigueur, peut aller faire le catéchisme deux ou trois fois la semaine dans les annexes; ce qui serait cependant très fatigant et nuirait souvent à l'accomplissement de ses autres devoirs. — Mais cette ressource même n'a pas lieu pour l'école ni pour l'asile, leurs directeurs sont essentiellement sédentaires tout le jour et toute la semaine.

Le motif qui a porté à former ces petits fractionnements de population a été péremptoire au point de vue agricole, celui qui a principalement préoccupé, quand on a fait les délimitations des territoires. — L'école, le catéchisme et la salle d'asile ont été oubliés. — Oubli fâcheux, mais excusable, dans le trouble et l'encombrement où on était, lorsqu'on a donné les instructions pour ce travail [1].

Sous la préoccupation purement agricole, on a formé de petits groupes, parce que les terres à exploiter sont plus à la portée des exploitants, avantage immense, dans un pays où peu de chemins sont frayés, ou praticables surtout en hiver; — pays où il faut, d'ailleurs, défendre ses récoltes contre les bêtes sauvages, sans parler des maraudeurs de toute nation.

Mais la culture, la récolte et sa garde ne sont pas choses de tous les jours. — Il en est différemment de l'école et de la salle d'asile. — D'un autre côté, ce sont des adultes qui ont à supporter les inconvénients de l'éloignement des terres; ils ont force physique, intelligence et expérience. — Et en définitive, le préjudice de l'éloignement se borne à un peu moins de bénéfice sur leur domaine gratuit, en attendant l'exécution de la petite voirie.

Quant aux enfants, s'il s'agit de les envoyer de l'annexe à l'école du chef-lieu, distants l'un de l'autre souvent de trois quarts de lieue et beaucoup plus quelquefois, trajet qu'il faudrait faire, allée et retour,

---

(1) Je profite de cette circonstance pour dire que MM. les officiers d'état-major, chargés du travail topographique, se sont acquittés de leur lourde tâche avec un zèle et un soin dignes d'éloges. MM. les employés du cadastre ont mérité le même témoignage.

tous les jours de l'année, les inconvénients sont incalculables. — En été, ces petits malheureux seront foudroyés par le soleil, et les congestions, les ophthalmies, les fièvres inflammatoires les accableront. —Pendant l'hiver, ce sera bien autre chose. Dans les soi-disant chemins, ou dans les champs, on enfonce jusqu'à mi-jambes, et les enfants ne feront point vingt pas sans avoir perdu leurs sabots. Puis, le ravin, que le matin, pour aller, ils auront passé à pieds secs, sera, le soir, un torrent qui souvent les entraînera sans retour.

Ce n'est pas tout. Été comme hiver, il y a la cosmopolite *école buissonnière*, et nulle part elle ne peut avoir de broussailles, de ravins plus corrupteurs qu'en Algérie. — Ajoutez qu'auprès de la corruption s'y trouve la dent des bêtes féroces.

La fréquentation, non-seulement de l'asile, mais de l'école et (pour le catéchisme) de l'église du chef-lieu, sera impossible aux enfants des annexes.

Il n'est pas un seul des hommes spéciaux auxquels j'ai soumis ces observations, qui n'en ait reconnu la justesse.

La commission d'inspection, en effleurant cette question à l'endroit du desservant, propose, contre les inconvénients résultant pour lui de cet état de choses, deux moyens: — ou lui donner une monture, ou modifier les circonscriptions curiales. —Le premier moyen n'est qu'un palliatif insuffisant. Il resterait à cet ecclésiastique une vie moins fatigante, mais tout aussi nomade; ce qui ne convient pas. La commission n'indique pas comment il faudrait procéder au

changement qu'elle conseille des circonscriptions cu-
rales; et, si je ne me trompe, elle serait favorable aux
demandes faites à ce sujet, savoir, qu'il y eût des
desservants dans toutes ou partie des annexes.—Mais
celles-ci ne sont pas assez populeuses pour que l'administration se décide probablement à faire les dé-
penses que cela exigerait.—D'ailleurs, il ne serait
ainsi remédié à aucun des inconvénients relatifs aux
écoles et aux salles d'asile.

Je proposerais donc de faire faire des études topo-
graphiques, et peut-être quelques échanges ou achats,
qui permissent d'attribuer, à chacun des petits centres, une extension de territoire telle qu'on y pût
appeler une population assez nombreuse pour qu'on
la dotât de cure, d'école et d'asile, sans que cela fût
trop onéreux, par rapport à son importance. Et je
mettrais le desservant à même d'avoir un cheval, en
attendant qu'il fût déchargé des annexes.

Quant aux villages à créer, je pense qu'il convien-
drait d'appeler l'attention du gouvernement sur cette
grave question, que le rapport de la commission lui
laisse ignorer, en ce qui touche aux écoles et aux
asiles, les deux points principaux.

Nous voici arrivés, Messieurs, à la plus grave question traitée par la commission d'inspection : — celle
de savoir si, conformément à l'article 7 du décret, les colons doivent, à l'expiration de l'année,
être affranchis du régime militaire, pour rentrer dans
le droit commun.

La commission a d'abord déclaré, à la majorité de

quatre voix contre trois, que, EN DROIT, l'article 7 devait recevoir son exécution, ou, en d'autres termes, que ne pas l'exécuter, c'était violer la loi. — Puis une autre majorité, encore de quatre contre trois, a déclaré que, EN FAIT, les colons n'étaient point MURS pour vivre sous la loi commune.

Quels sont donc les hommes composant nos colonies agricoles? Ce sont des citoyens appartenant à tous les départements métropolitains, et qui, la plupart, étaient nos concitoyens à Paris, lorsque la République, voulant venir à leur secours, les a conviés à la colonisation algérienne. — En France, sous le gouvernement civil, ils étaient conseillers municipaux, adjoints, maires ; — en Algérie, ils resteraient quelque chose d'innommé jusqu'à présent, et qui, dans l'état social, se trouve quelque part entre le sujet, l'esclave, le colon et le serf. — Pour leur donner le nom le plus relevé possible, ils seraient les *pupilles civils* de l'autorité militaire. C'est dans deux ans seulement que ces vétérans citoyens, nouveaux mineurs, seraient émancipés, eux qui ont concouru à proclamer l'émancipation des peuples!

Le rapport appuie cette inouïe déchéance sur deux motifs, que voici :

« De leur côté, d'autres membres de la commission exprimaient cette crainte que l'émancipation ne servît d'arme et d'instrument à un petit nombre d'agitateurs prêts à s'imposer par l'audace. On savait qu'ils s'étaient réparti les rôles et distribué les emplois. — Or, que deviendraient ces établissements en de pareilles mains ? — Un obstacle plus grave se présentait. Par les allocations de toute nature que leur accorde l'État, les colons dépendent de l'intendance militaire et du génie. Comment concilier cette situation avec la pleine jouissance des institutions civiles? »

Les projets reprochés, par deux ou trois directeurs, à quelques colons probablement EXPULSÉS depuis longtemps, projets qui auraient eu pour but l'élection d'un personnel administratif succédant au pouvoir actuel, étaient parfaitement vrais dans l'esprit des directeurs; — la loyauté militaire et leur caractère individuel m'en sont des garanties. — Mais tous les jours, les procureurs généraux imputent, avec une loyauté parfaite, des faits criminels à des citoyens; et, vérification faite par le juge d'instruction ou les jurés, les faits mêmes n'existent pas, ou ils n'ont rien de la gravité qu'on leur supposait. — Or, les indications que les directeurs nous ont données à ce sujet n'ont jamais été aucunement vérifiées par nous.

D'un autre côté, parmi les quarante-deux colonies disséminées jusqu'à 15 ou 18 lieues dans les terres, et sur trois provinces ayant un littoral de 160 lieues, qui est la seule voie de communication, pour le gouvernement lui-même, il n'en est pas trois, excepté de petites annexes dans la province d'Oran, qui pussent se prêter la moindre assistance pour un acte contraire à l'autorité, tant elles sont isolées les unes des autres. Quand ce n'est point par la longueur des distances, c'est par des montagnes infranchissables pour tous autres que les indigènes et nos bataillons pourvus des ressources d'un corps militaire en campagne.

Il n'y a ni possibilité d'action commune, ni accusation de complot commun entre les villages. Il y a deux ou trois indications, au plus, non vérifiées, que l'on traduit par l'énigmatique accusation « ...se faire « *une* ARME, *un instrument* de l'émancipation pour « s'imposer par l'audace; ils s'étaient réparti les « rôles et distribué les emplois. » Cette accusation, disons cette allégation, si elle est exacte, prouverait seulement que les colons se préparaient de leur côté, et selon qu'ils le comprenaient, à l'exécution de l'article 7 du décret, tandis que le ministère s'y préparait de son côté, ainsi que cela résulte d'un passage des instructions remises à la commission lors de son départ, — passage dont je donnerai bientôt le texte.

Dans de semblables circonstances, il est impossible que l'on retienne 42 villages, qui représentent 13,000 personnes, dans l'état de suspicion, de dégradation civique, conseillé par le rapport.

Au reste, la majorité de la commission ne semble pas avoir eu beaucoup de confiance dans la valeur de son motif, puisqu'en l'énonçant elle termine par dire : « *Un obstacle plus grave se présentait.* » — Nous venons de voir, par les termes du rapport même, que ce *plus grave obstacle* consisterait dans l'incompatibilité d'un côté de l'action civile, d'un autre côté de l'action militaire, procédant par le génie pour les constructions fort avancées, et par l'intendance pour les distributions qui doivent encore durer deux ans.

Tout en accordant à l'autorité militaire une part si exorbitante dans l'administration algérienne, le rapport fait injure à son caractère. Même en Afrique,

où elle tient le sceptre, en dépit de notre ère républicaine, elle n'est pas incapable de vivre en bonne
harmonie avec l'administration civile. La seule question est de donner, à chacune d'elles, ce qu'elle peut
faire avec le plus d'efficacité; problème qui, dans
toutes les localités, obtient chaque jour des solutions
appropriées aux circonstances.

L'autorité militaire, procédant par le génie pour
les travaux, et par l'intendance pour les fournitu-
res, accomplirait ces deux tâches dans les villages
agricoles tout aussi facilement qu'elle le fait sur d'autres points du territoire civil de l'Algérie, — et qu'elle
le ferait en France même, si, dans un moment de
détresse, le gouvernement lui confiait le soin de
distribuer, à des populations civiles, des vivres, des
vêtements. — On ne comprendrait pas que, de cette
assistance prêtée par la puissante administration
militaire d'une ville de guerre à la population civile, il résultât que l'administration municipale dût
disparaître. Si elle ne devait point disparaître, dans
cette hypothèse, pourquoi ne pas la laisser naître
dans le cas qui nous occupe?

Espérant atténuer les inconvénients de son système, la commission propose une sorte de *conseil*, qui
serait formé du directeur, du médecin, du comman-
dant de place ou du desservant (*amovible*), et de deux
colons délégués par leurs *camarades* [1]. — Un pareil

---

(1) Dans la forme comme dans le fond nos malheureux colons
sont dégradés de leur qualité de citoyens; entre eux ils ne
sont plus CONCITOYENS, ils sont *camarades*.

conseil ne pourrait avoir aucune force de résistance, et cependant il couvrirait la responsabilité du directeur. — A défaut du droit commun, je préférerais la continuation du régime militaire pur ; car alors on aurait dans le directeur, pour garantie, l'honneur de l'épaulette ; et c'est quelque chose !

Pour compléter son système, la commission termine en disant :

« La faculté d'expulsion laissée au gouverneur général serait désormais entourée de quelques formalités, par exemple d'une enquête suivie sur les lieux et d'un débat contradictoire. »

Cette faculté n'a été laissée en droit à personne, et, quant au fait, nous nous y sommes refusés, lorsqu'à deux reprises le ministre nous a consultés à cet égard. Une telle menace suspendue sur la famille du colon empêcherait que jamais elle s'attachât au sol. — Ce châtiment n'existe pas dans le Code pénal, et il n'a point été stipulé dans le contrat qui lie l'État et les colons. Les *quelques formalités*, vaguement, négligemment conseillées par la majorité de la commission, n'auraient pour effet que de prêter l'apparence de la régularité à une nouvelle violation de ce contrat, contrat législatif qui a la loi même pour clause.

Avec la bonne volonté la plus scrupuleuse, je n'ai jamais pu trouver de valeur aux motifs allégués par la commission, ni aux moyens qu'elle propose pour éluder l'exécution du décret. — Je ne sais si je n'ai point entendu donner à ces *agitateurs prêts à s'imposer par l'audace* la qualification de DICTATEURS ! Mais le rapport est trop grave pour qu'on y ait consigné pareille facétie. — Toutefois il eût été à désirer, pour le rapport même, qu'après avoir déclaré qu'il y avait, EN DROIT, obligation de placer à l'expiration de l'année les colonies sous la loi commune, on eût, EN FAIT, diminué par quelque chose de sérieux et de précis ce qu'a d'affligeant le conseil donné au gouvernement de méconnaître le DROIT en violant un contrat législatif.—Pareil acte, qui ne doit jamais se produire sous un gouvernement honnête, aurait, pour en voiler la honte, besoin au moins de circonstances atténuantes bien déterminées, bien constatées ; — rien de cela.

Le conseil donné au pouvoir est d'autant plus déplorable qu'il vient l'arrêter sur la voie où il s'était engagé déjà pour rentrer dans le droit commun, ainsi que je l'ai indiqué plus haut. — Les instructions remises à la commission, par le ministre, portent :

« Le terme fixé approchant, l'administration s'est déjà occupée de préparer les mesures à adopter pour L'EXÉCUTION DE LA LOI.

« Mais il importe préalablement à toute solution que je puisse trouver dans le rapport de la commission des lumières qui me permettent de prendre un parti définitif en parfaite connaissance de cause. »

Et quand le gouvernement demande ainsi des lumières pour le guider dans l'accomplissement de la loi auquel il se prépare, on répond en lui offrant les voies et moyens pour violer cette loi !

Puisque j'ai appelé votre attention, Messieurs, sur les instructions ministérielles, je vais, avant de revenir au texte du rapport, vous entretenir de ce qui, dans l'inspection, se rattache à la dernière recommandation faite par le ministre à la commission.

On lit dans les instructions :

« Il importe au plus haut degré que le rapport me soit remis, au plus tard, à la fin d'août, pour me mettre à même, s'il y a lieu, comme je l'espère, de réclamer en temps opportun le crédit éventuel voté par la loi du 19 mai. »

La nécessité où était la commission de donner aussi promptement son rapport, fit comprendre aux colons qu'elle ne devait que passer rapidement dans les villages pour y prendre des impressions, des renseignements, mais qu'elle ne pouvait s'y arrêter le temps nécessaire pour vérifier les faits signalés, quand ils présentaient de la gravité, de l'ambiguïté.—Cette disposition d'esprit persista, chez les colons, jusqu'au moment où on apprit que la Chambre s'était prorogée. — Dès lors, la remise du rapport n'était plus utile pour la fin d'août. Il suffisait qu'elle eût lieu six semaines plus tard, sans préjudice toutefois des communications urgentes qui avaient commencé à Bone dès le 5 août. La première avait fait connaître l'impossibilité, pour cette année, d'expédier de nouveaux convois, — question la plus urgente de toutes.

La nouvelle de la prorogation de la Chambre parvenant en Algérie, avec elle cessa, même pour le public, le motif qui légitimait la brièveté de nos stations dans les villages, et, avec elle, cessa aussi l'assentiment gracieux que les colons donnaient à notre course rapide. — Ils devinrent à l'instant sévères sur ce point. Leur sévérité ne tarda pas à s'accroître grandement, stimulée qu'elle fut par une considération économique, et puis bientôt par un incident électoral. — Voyons d'abord en quoi consistait le reproche économique fait par les colons à la commission.

Nous arrivions à Tenès, c'est-à-dire que, sur quarante-deux villages, il nous en restait encore vingt-quatre à voir, et l'on connaissait, depuis plusieurs jours déjà, la prorogation de la session législative, lorsque, le 10 août, la commission adressa à M. le gouverneur général la demande de garder le bâtiment à vapeur le *Météore* pour la transporter à Oran, et de là, le 22, en France, sans qu'elle fût obligée d'attendre jusqu'au 25, jour du départ normal du bateau à vapeur, faisant le service des dépêches entre Oran et Marseille. — Les convenances du service portèrent le gouverneur général à répondre par un refus, qui ne se fit pas attendre.

Les colons, de leur côté, prirent la chose au point de vue économique, et déjà fort mécontents de la rapidité avec laquelle on continuait de les visiter, quand le motif existant au début avait cessé, ils calculèrent que cet empressement à s'éloigner d'eux soixante-douze heures plus tôt aurait, si le gouverneur général y eût consenti, coûté, en combustible seulement, plusieurs milliers de francs, somme représentant l'installation de plusieurs colons; c'est-à-dire que plusieurs personnes auraient été, par là, frustrées du bénéfice du décret et retenues en France dans la misère. — Dès ce moment, je le répète, les plaintes devinrent extrêmement sévères. Du reste, il n'en fut pas autrement; mais cette sévérité des colons s'accrut encore par le disparat que présenta la stérilité de leurs regrets comparée à l'efficacité d'un autre murmure.

Or, voici le fait qui avait donné lieu à ce murmure. Refusée par le gouverneur général pour *le Météore*, qui l'aurait reportée en France le 22 au lieu du 25, la commission obtint de l'autorité supérieure d'Oran que le départ du courrier fût avancé du 25 au 22. — Avis officiel fut publié pour prévenir la population de ce changement.

Les réclamations furent générales ; on fit observer que les voyageurs, venant des points les plus éloignés, pour s'embarquer le jour normal, arriveraient après le départ du courrier et seraient retardés de dix jours ; que le moindre inconvénient était leur séjour dispendieux à l'hôtel ; mais que leur famille serait alarmée, et que les intérêts commerciaux, judiciaires, administratifs qui les appelaient en France pouvaient être mis en péril par ce retard, lequel pouvait, de proche en proche, compromettre des affaires importantes jusque dans les villes étrangères les plus éloignées. —Puis on faisait remarquer, à la charge de cette pauvre République, — assurément bien étrangère à tout cela, — que, même pour les princes, pareille perturbation n'avait jamais eu lieu dans les services publics entre la France et l'Algérie.

Le digne maire d'Oran fut un chaleureux interprète des réclamations de ses administrés. — Mais le président répondit que le retour de la commission était de toute urgence, et le départ resta fixé au 22. — Cependant, les plaintes étant devenues plus vives, un membre de la commission informa l'honorable représentant de l'Algérie que la population menaçait de se venger aux prochaines élections. Et, immédiatement, une nouvelle publication de l'autorité fit savoir que le départ du courrier était remis au 25, jour normal.

C'est ainsi que le cercle de nos opérations s'est terminé comme il avait commencé, — sous l'influence des préoccupations électorales. — Toutefois, si au début elles ont nui à notre mission, elles lui ont, par compensation, été utiles dans les derniers moments, en nous retenant trois jours de plus sur un sol où nous ne sommes pas restés assez longtemps, — et en portant obstacle à la réalisation d'un grief que la population d'Oran aurait reproché à la colonisation agricole. — Mais, d'un autre côté, comme je l'ai dit, cela n'a pas laissé que d'envenimer beaucoup, chez les colons, l'impression que leur ont faite la rapidité de notre passage et notre empressement à repartir. Pour l'effacer autant que possible, il aurait fallu que le rapport présentât le motif qui les aurait encore justifiés après la prorogation. — Si j'en connaissais un qui pût être indiqué, je m'empresserais de le faire connaître.

Parler du départ de la commission, c'est parler de son retour en France qui eut lieu deux jours après ; — et il semble que ce soit aussi parler de la remise prochaine de son rapport définitif. — Il en est autrement. On attendait d'Alger des documents que nous aurions dû rapporter avec nous et dont il eût été plus facile à Alger qu'ici de *corriger les erreurs*. — La première convocation de la commission, ou, en d'autres termes, sa première réunion, a eu lieu le 10 novembre. — Il s'agissait d'entendre la lecture du rapport qui a été présenté au ministre le 16. — Je vous ai fait connaître verbalement, Messieurs, comment j'avais signé, dans mon lit de malade, ce rapport dont la remise tardive a entraîné le retard de la communication que j'ai l'honneur de vous faire aujourd'hui.

Je reviens à ce document que je suis désolé d'avoir tant à combattre ; j'y reviens, non pour continuer de discuter les propositions qu'il formule, mais pour accomplir la tâche, plus pénible encore, de mettre en lumière les vues qui s'y trouvent latentes.

Après vous avoir entretenus, Messieurs, des demandes formulées dans le rapport de la commission, j'ai donc, maintenant, à appeler votre attention sur une énonciation qui y est placée et exprimée de telle sorte, qu'elle semble ne pas devoir inspirer le moindre ombrage. — Mais, prévenu que je suis, je ne puis lui laisser faire son chemin sans conteste, parce qu'elle pourrait très prochainement se changer en proposition officielle, portant le dernier coup au vote des 50 millions fait en faveur des populations industrielles par le moyen de la colonisation algérienne. — C'est avec intention que je dis *par le moyen*, car les 50 millions n'ont point été votés pour la colonisation principalement, ils l'ont été, surtout, pour secourir et calmer la population ouvrière, qui était en détresse et en émoi.

Afin de compléter cette énonciation du rapport, en lui donnant le caractère inquiétant qu'elle doit avoir pour nous, il me faudra vous indiquer, Messieurs, un de ces faits que j'aimerais à passer tous sous silence.

Mais d'abord voici le passage dont il s'agit :

« Les plaintes s'exhalaient jusqu'à l'injustice. Ces 50 millions, à en croire les mécontents, allaient être dissipés sans profit. Des ouvriers parisiens ! Qu'attendre d'un pareil élément ? C'était l'atelier national transporté en Afrique. Ainsi s'exprimait-on ; et, en même temps, on récapitulait ce qu'un crédit aussi étendu eût pu défrayer d'encouragements féconds, de travaux sérieux, de créations durables : routes, ponts, canaux d'irrigation et de desséchement, pépinières, défrichements, avances de cheptel, primes affectées aux constructions et aux cultures, en un mot tout un ensemble de colonisation spontanée et viable, au lieu de cette colonisation imposée par les événements et condamnée d'avance à un irrémédiable échec. »

Voilà maintenant le fait complétif qu'il me faut révéler.

A Bone, j'étais chez le Président de la commission, l'attendant pour aller à l'hôpital visiter les malades. — Enfin une députation de très honorables citoyens de la ville arriva. Elle fut reçue comme d'usage. Elle exposa des vues très judicieuses dans l'intérêt du pays, vues pour l'exécution desquelles je voudrais voir des allocations au budget. — Mais elle termina en demandant que ce qui restait de disponible sur les 50 millions votés pour la colonisation agricole fût appliqué à la réalisation des projets qu'elle indiquait, et qui étaient la première édition dont je trouve textuellement la seconde dans le passage du rapport que je viens de reproduire. — Le Président répondit aux délégués que ses vues étaient parfaitement conformes aux leurs, et qu'ils pouvaient compter sur son appui. — Je fis observer à l'honorable Président que je ne pouvais m'associer à cet engagement, et que notre mission avait un but tout autre.—Il me répondit qu'il parlait comme représentant de l'Algérie, et non comme président de la commission. — Alors, dis-je, je n'ai que faire ici, et je me retire. Il me pria de rester ; mais j'allai me mettre à la fenêtre du salon, et je laissai s'accomplir, derrière moi, ce nouvel épisode électoral.

A Oran, dans une réunion de quelques membres de la commission, un mot de la même idée fut exprimé incidemment par le président. Là, c'était plus grave, on n'était plus devant des électeurs. Saisissant ce mot au passage, je rappelai au Président l'épisode que je viens de retracer. La question n'était point à l'ordre du jour ; on passa outre. Mais j'annonçai que dans les discussions qui devaient avoir lieu à Paris, pour la rédaction du rapport, je demanderais qu'elle fût vidée. L'on ne m'a pas laissé la possibilité d'accomplir mon projet. — Ces faits, Messieurs, vous mettent à même de juger ce qu'étaient les modestes observations dont je vous parlais en commençant, et que mon état d'isolement a rendues presque toujours inefficaces.

Au point de vue que je viens de signaler, le rapport de la commission d'inspection apparaît dans tout ce qu'il a de redoutable pour la colonisation agricole.

Il ne s'agit plus seulement de savoir si les populations ouvrières des grands centres industriels, et nommément de Paris, continueront à jouir de l'application du décret voté principalement pour elles, ou si le bénéfice en sera accordé exclusivement à d'autres populations, méritantes aussi, mais auxquelles on ne pensait point, ou l'on ne pensait que bien peu, quand on l'a voté. Cela ne menaçait l'œuvre que d'une déviation grave, condamnable, il est vrai; toutefois elle restait debout pour être redressée dans de meilleurs jours.

Mais, enlever à sa continuation les 30 et quelques millions qui resteront disponibles après l'emploi des 5 millions engagés dans la construction des villages commencés, c'est là détruire radicalement.

Pour arriver à ce résultat, le trajet n'est pas long. — On fait d'abord demander par la voie législative des améliorations que l'expérience réclame, que les précédents facilitent, et que l'administration pourrait introduire dans la pratique, sans qu'il fût besoin de loi.

Entraîné par le prestige d'améliorations qui ne semblent pas toucher au fond de l'œuvre, on votera une modification de la loi, loi cependant devenue contrat immuable entre l'État et la population qui avait accepté l'offre législative. — C'est là le premier pas.

En attendant le jour du dénouement, le rapport propose que les villages agricoles soient ouverts aux anciens soldats et aux anciens colons algériens. — Quant aux premiers, je le veux aussi, mais dans les limites de la disposition législative du 19 mai 1849; passé cela, non. — Autrement, il arriverait que, par une faveur dont on devrait avoir le pressentiment, lors même que l'on n'en aurait pas déjà des exemples, l'autorité militaire admettrait les anciens soldats de préférence aux colons civils. — Il importe qu'un règlement lui aide à résister à cet entraînement qui n'est pas sans excuses. Comment n'être point partial, en faveur d'anciens compagnons d'armes, de misère et de gloire ! — J'assimilerais aux anciens colons ceux des anciens militaires qui dépasseraient la proportion fixée par la loi du 19 mai.

Quant aux anciens colons, qui certes ont droit à beaucoup de réparations de la part de l'administration, je voudrais qu'en leur faveur le fonds spécial de colonisation, porté au budget en dehors de la *colonisation agricole*, fût augmenté convenablement. Alors on pourrait faire pour eux et pour les anciens militaires dont je viens de parler ce à quoi ils ont droit. —Mais que ce soit sans spolier la population industrielle de France au bénéfice de laquelle principalement, on ne saurait assez le répéter, le vote des 50 millions a eu lieu. Je ne comprendrais pas plus, pour l'État que pour un particulier, qu'il payât un de ses créanciers en prenant dans la bourse de l'autre.

Si l'accès des colonies agricoles est permis aux anciens colons d'une part, et de l'autre aux anciens militaires sans proportion de nombre déterminée à l'avance, elles se trouveront encombrées par ces deux catégories, sans que la population ouvrière de France en profite. — Ce sera le second pas.

Si toutefois cet incident ne prenait pas les devants, savoir : que lors de la prochaine discussion l'on proposât un amendement tendant à l'exécution de la parole donnée aux honorables électeurs de Bone, dont la demande est si admirablement placée dans le rapport pour préparer les voies.

J'ai dit qu'enlever, à *la colonisation algérienne par les*

ouvriers, les 30 millions restant disponibles, sur les 50 votés en leur faveur, serait la destruction radicale de l'œuvre.

En effet, les ouvriers qui demandent à partir en seraient absolument frustrés ; là, point de doute possible.

De leur côté, la plupart de ceux pour qui la première partie de l'allocation a été dépensée n'en profiteraient point. Disséminés dans 42 villages, sur une longueur de 160 lieues de littoral et une profondeur de 18 lieues dans les plaines et les montagnes, ils avaient la confiance qu'ils seraient suivis de 12 ou 15,000 autres concitoyens ; cette confiance les soutenait, et, sans elle, beaucoup d'entre eux ne seraient point partis. — S'il leur fallait renoncer à cet espoir, ceux qui croiraient trouver quelques ressources en France, reviendraient y courir les risques d'une nouvelle misère. — Quant aux autres, si cette cruelle *déception*, cette indigne *surprise* se joignaient aux dangers auxquels on les expose, à l'humiliation qu'on leur fait subir en leur refusant des armes, à eux, anciens gardes nationaux, anciens soldats, anciens officiers,... tandis que les indigènes et les condamnés militaires sont armés ; — si cette cruelle *déception*, cette indigne *surprise*, se joignaient à l'injure poignante qu'ils vont tous ressentir, en apprenant qu'une commission, qui les a visités, les déclare *non mûrs* pour être affranchis, en Afrique, du joug militaire, eux, anciens électeurs et conseillers municipaux, anciens adjoints, anciens maires dans nos communes métropolitaines : cela exercerait sur leur moral une telle influence, qu'il ne faudrait pas compter en voir survivre beaucoup.

Nous sommes solidaires des engagements du gouvernement envers les colons que nous avons reçus en son nom. — Les laisser ainsi dégradés, humiliés, isolés dans les déserts de l'Afrique, serait aiguiser contre eux la faux de la nostalgie. — Nous ne nous rendrons pas complices de ce crime par notre silence. Nous réclamerons.

Mais, si l'avenir se réalisait comme on le prépare, dans cinq ans, les hommes, en faveur de qui les villages agricoles ont été fondés, n'y figureraient point pour un vingtième de la population.

L'injure les tue. — Il ne leur vient rien d'officiel qui les console dans leur dignité d'hommes et de citoyens constamment outragée, — dignité qui leur est si chère. — A cet égard, le rapport de la commission, malgré ses formes soignées, va mettre le comble à leur supplice, par l'ignominieuse assimilation qu'il leur fait subir dans son dernier paragraphe; paragraphe qui le résume, et est en harmonie parfaite avec l'ensemble. — Cela me conduit, Messieurs, à terminer ma communication par une observation en harmonie, de son côté, avec les sentiments qui nous animent pour nos colons.

Le rapport dit :

« Le tableau que nous venons de tracer n'a rien de brillant, mais c'est là, plus qu'on ne l'imagine, l'histoire de toutes les colonisations. Au seizième siècle, des chasseurs de bœufs sauvages plantèrent leurs tentes au milieu des savanes de Saint-Domingue et de Cuba. A en croire les récits du temps, ils n'avaient *ni l'amour bien vif du travail, ni les vertus de l'âge d'or*, et néanmoins, cent ans après, ces savanes étaient devenues le siége d'opulentes et magnifiques exploitations. Plus tard, des dissidents, *chassés* par la persécution, se répandirent sur le vaste continent de l'Amérique du Nord. Ils n'y apportaient ni l'aptitude spéciale du cultivateur, ni les rudes qualités du pionnier. Cependant, à peu d'années de là, cette terre voyait s'élever de son sein une civilisation merveilleuse, et les États-Unis étaient fondés. C'est que les hommes ne sont que des instruments entre les mains de la Providence et qu'elle sait assouplir à ses desseins les plus *ingrats*, les plus *rebelles* et les plus *imparfaits*. »

Je dirai, moi :

« Puisque la Providence a créé *d'opulentes*, de *magnifiques exploitations* et une *civilisation merveilleuse*, dit-on, en Amérique, où elle avait pour instruments des hommes *les plus ingrats, les plus rebelles, les plus imparfaits,*—en Algérie, où elle a réuni des citoyens honorables, dévoués à la famille, à la patrie, à la liberté, des artistes et des ouvriers de toute profession, dont le génie et la main ont créé les modèles que copie le monde entier, elle saura faire surgir de nos colonies africaines une bien autre *magnificence* et une *civilisation* bien autrement *merveilleuse* que celles de l'Amérique, ce dernier refuge du HIDEUX et INFAME ESCLAVAGE.—En effet, je n'y ai point vu *d'ingrats ;* le colons ne parlent qu'avec une profonde reconnaissance des sacrifices de la République en leur faveur ; —je n'y ai pas trouvé de *rebelles*, car je ne veux pas voir en eux des insurgés méritant d'être fusillés par les Arabes, à la balle desquels on les laisse exposés sans armes ;—je n'y ai point vu, à beaucoup près, d'hommes plus *imparfaits* que parmi notre monde officiel; — car ils ont mis loyalement leur art, leur talent, leur savoir, leur aptitude, leurs forces, tout leur être, en un mot, au service d'une grande œuvre nationale, — et ce qu'ils disent, comme ce qu'ils font, prouve qu'ils y sont dévoués. »

DUTRÔNE,
Conseiller honoraire à la cour d'appel d'Amiens,
membre de la Commission sédentaire et de la
Commission d'inspection des colonies agricoles
de l'Algérie.

Imprimerie d'E. DUVERGER, rue de Verneuil, n. 6.

www.ingramcontent.com/pod-product-compliance
Lightning Source LLC
Chambersburg PA
CBHW061300060726
47596CB00002B/668